天縱文成

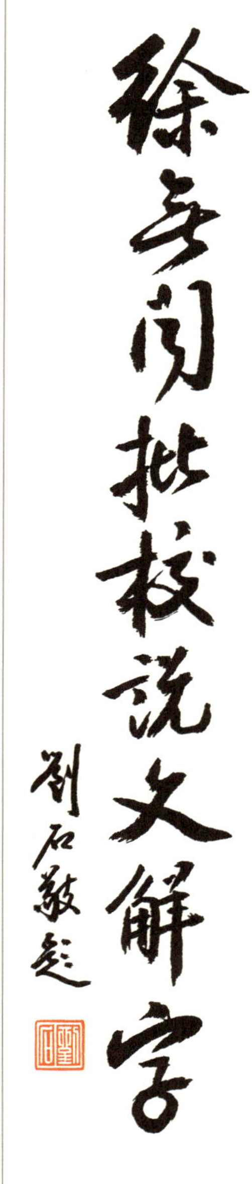

徐無聞 著

2

廣西師範大學出版社
·桂林·

牧字誤孫本作敷是也

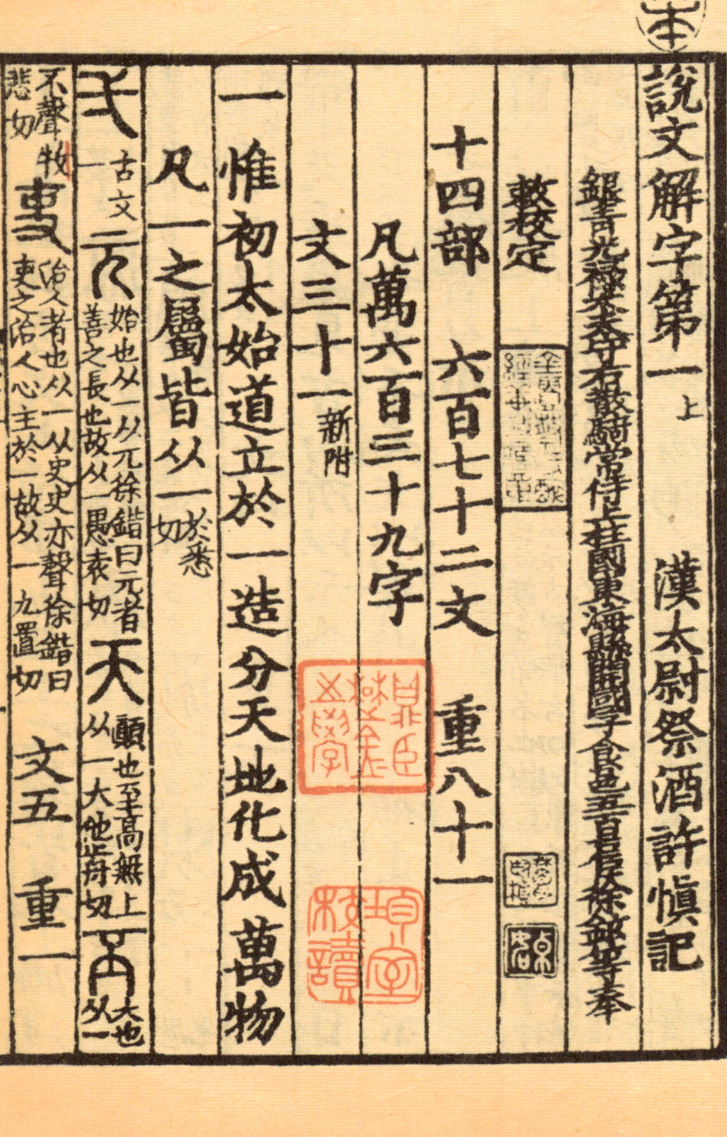

說文解字第一上

漢太尉祭酒許愼記

銀青光祿大夫守右散騎常侍上柱國東海縣開國子食邑五百戸臣徐鉉等奉

敕校定

十四部　六百七十二文　重八十一

凡萬六百三十九字

文三十一新附

一　惟初太始道立於一造分天地化成萬物凡一之屬皆从一 於悉切

弌 古文一

元 始也从一从兀徐鍇曰元者善之長也故从一 愚袁切

天 顚也至高無上从一大 他前切

丕 大也从一不聲 牧悲切

吏 治人者也从一从史史亦聲徐鍇曰吏之治人心主於一故从一 力置切

文五　重一

从字下缺屢爲一篆二字
字字下缺屢爲辛示辰三字

雱孫本作雱是也

祿篆誤應从部首彔作祿

祿篆誤从互後見部目及部內
應作彔後艸部䓞二後[illegible]
[illegible]

丄 高也此古文上指事也凡丄之屬皆从丄時掌切

上 篆文丄

帝 諦也王天下之號也从丄朿聲都計切 帝 古文帝古文諸丄字皆从一篆文皆从二二古文上字辛示辰龍童音章皆从古文上

旁 溥也从二闕方聲步光切 旁 古文旁 旁 亦古文旁 旁 籒文

丅 底也指事胡雅切

下 篆文丅

文四　重七

示 天垂象見吉凶所以示人也从二二古文上字三垂日月星也觀乎天文以察時變示神事也凡示之屬皆从示

示 古文示

祜 上諱臣鉉等曰此漢安帝名也福也當从示古聲侯古切

禮 履也所以事神致福也从示从豊豊亦聲盧啓切

禮 古文禮

禧 禮吉也从示喜聲許其切

禛 以真受福也从示真聲側鄰切

祿 福也从示彔聲盧谷切

褫 福也从示虒聲息移切

禎 祥也从示貞聲陟盈切

祥 福也从示羊聲一云善似羊切

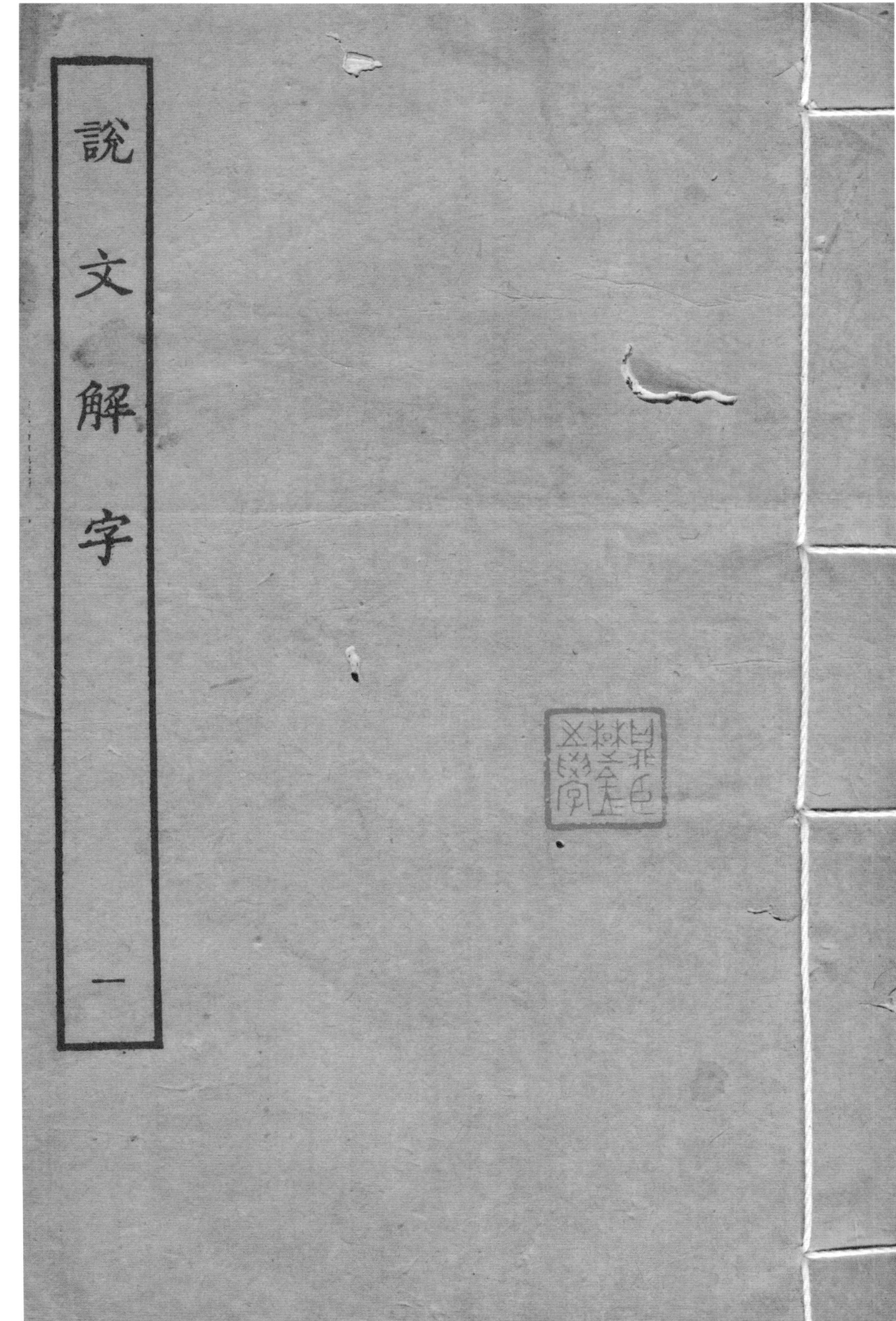
說文解字
一

說文解字

太原氏

此小字本爲海內藏諸宋刻之冠乾嘉以來早有定評涵芬影印假于岩崎氏爲有功文字之業聞都門價復幾十倍此間猶賤舊版措大得收黃白紙二部以崇[illegible]篋司易忠錄記

四部叢刊經部

上海涵芬樓借日本
岩崎氏静嘉堂藏北
宋刊本景印原書板
匡高營造尺五寸七
分寬四寸一分

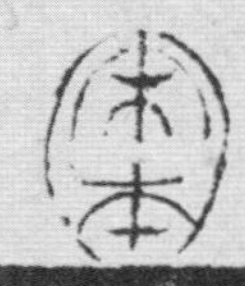

說文解字標目

漢太尉祭酒許慎記

銀青光祿大夫守右散騎常侍上柱國東海縣開國子食邑五百戶臣徐鉉等奉

敕校定

說文解字弟一

一 於悉切　丄 時掌切　示　三 穌甘切　王　玉 魚欲切

玨 古岳切　气 去既切　士 鉏里切　丨 古本切　屮 丑列切　艸 倉老切

蓐 而蜀切　茻 模朗切

說文解字弟二

小 私兆切　八 博拔切　釆 蒲莧切　半 博慢切　牛 語求切　犛 莫交切

告 古奧切　口 苦后切　凵 口犯切　吅 況袁切　哭 苦屋切　走 子苟切

爨篆上𦥑應作𦥑

约應作灼

止 諸市切　癶 北末切　步 薄故切　此 雌氏切　正 之盛切　是 承旨切

辵 丑略切　彳 丑亦切　廴 余忍切　㢟 丑連切　行 戶庚切　齒 昌里切

牙 五加切　足 即玉切　疋 所菹切　品 丕飲切　龠 以约切　冊 楚革切

說文解字第三

㗊 阻立切　舌 食列切　干 古寒切　谷 其虐切　㕯 女滑切　只 諸氏切

句 古侯切　丩 居虯切　古 公戶切　十 是執切　卅 蘇沓切　言 語軒切

誩 渠慶切　音 於今切　䇂 去虔切　丵 士角切　菐 蒲沃切　𠬞 居竦切

𠬜 普班切　共 渠用切　異 羊吏切　舁 以諸切　𦥑 居玉切　晨 食鄰切

爨 七亂切　革 古覈切　鬲 郎激切　䰜 郎激切　爪 側狡切　丮 几劇切

鬥 都豆切　又 于救切　𠂇 臧可切　史 踈士切　支 章移切　𦘒 尼輒切

一應作二
百並當作皕

聿 余律切　畫 胡麥切　隶 徒耐切　臤 苦閑切　臣 植鄰切　殳 市朱切

殺 所八切　几 市朱切　寸 倉困切　皮 符羈切　㼱 而兖切　攴 普木切

教 古孝切　卜 博木切　用 余訟切　爻 胡茅切　㸚 力几切

說文解字弟四

𥃩 火劣切　目 莫六切　䀠 九遇切　眉 武悲切　盾 食閏切　自 疾二切

白 疾一切　鼻 父二切　百 博陌切　習 似入切　羽 王矩切　隹 職追切

奞 息遺切　萑 胡官切　𦫳 工瓦切　𥄕 徒結切　羊 與章切　羴 式連切

瞿 九遇切　雔 市流切　雥 徂合切　鳥 都了切　烏 哀都切　𠦒 北潘切

冓 古候切　幺 於堯切　𢆶 於虯切　叀 職綠切　玄 胡涓切　予 余呂切

放 甫妄切　𠬪 平小切　𣦼 昨干切　歺 五割切　死 息姊切　冎 古瓦切

綠據本作
緣是也

瘐應作庾

骨 古忽切　肉 如六切　筋 居銀切　刀 都牢切　刃 而振切　㓞 恪八切

丰 古拜切　耒 盧對切　角 古岳切

說文解字弟五

竹 陟玉切　箕 居之切　丌 居之切　左 則箇切　工 古紅切　㠭 知衍切

巫 武扶切　甘 古三切　曰 王伐切　乃 奴亥切　丂 苦浩切　可 肯我切

兮 胡雞切　号 胡到切　亏 羽俱切　旨 職雉切　喜 虛里切　壴 中句切

鼓 工戶切　豈 墟喜切　豆 徒候切　豊 盧啓切　豐 敷戎切　䖒 許羈切

虍 荒烏切　虎 呼古切　虤 五閑切　皿 武永切　凵 去魚切　去 丘據切

血 呼決切　丶 知瘐切　丹 都寒切　青 倉經切　井 子郢切　皀 皮及切

鬯 丑諒切　食 乘力切　亼 秦入切　會 古外切　倉 七岡切　入 人汁切

缶 缶方九切 矢 矢式視切 高 高古牢切 冂 冂古熒切 𩫏 𩫏古博切 京 京舉卿切

亯 亯許兩切 𣆪 𣆪胡口切 畗 畗芳逼切 㐭 㐭力甚切 嗇 嗇所力切 來 來洛哀切

麥 麥莫獲切 夊 夊楚危切 舛 舛昌兗切 舜 舜舒閏切 韋 韋宇非切 弟 弟特計切

夂 夂陟侈切 久 久舉友切 桀 桀渠列切

說文解字第六

木 木莫卜切 東 東得紅切 林 林力尋切 才 才昨哉切 叒 叒而灼切 之 之止而切

帀 帀周荅切 出 出尺律切 朩 朩普活切 生 生所庚切 乇 乇陟格切 𠂹 𠂹是爲切

𠌶 𠌶況于切 華 華戶瓜切 禾 禾古兮切 稽 稽古兮切 巢 巢鉏交切 桼 桼親吉切

束 束書玉切 㯻 㯻胡本切 囗 囗羽非切 員 員王權切 貝 貝博蓋切 邑 邑於汲切

𨛜 𨛜胡絳切

月篆譌与[illegible]同相混

香篆譌應作[illegible]

毇應作毇篆亦應作[illegible]

說文解字第七

日人質切 旦得案切 倝古案切 㫃於幰切 冥莫經切 晶子盈切

月魚厥切 有云九切 朙武兵切 囧俱永切 夕祥易切 多得何切

毌古丸切 马乎感切 東胡感切 卤徒遼切 齊徂兮切 朿七賜切

片匹見切 鼎都挺切 克苦得切 彔盧谷切 禾戶戈切 秝郎擊切

黍舒呂切 香許良切 米莫禮切 毇許委切 臼其九切 凶許容切

木匹刃切 林匹卦切 麻莫遐切 尗式竹切 耑多官切 韭舉友切

瓜古華切 瓠胡誤切 宀武延切 宮居戎切 呂力舉切 穴胡決切

㝱莫鳳切 疒女戹切 冖莫狄切 冃莫保切 月莫報切 网良奬切

网文紡切 襾呼訝切 巾居銀切 市分勿切 帛旁陌切 白旁陌切

尚 毗祭切　黹 陟几切

說文解字弟八

人 如鄰切　匕 呼跨切　匕 卑履切　从 疾容切　比 毗至切　北 博墨切

丘 去鳩切　㐺 魚音切　𡈼 他鼎切　重 柱用切　臥 吾貨切　身 失人切

㐆 於機切　衣 於稀切　裘 巨鳩切　老 盧皓切　毛 莫袍切　毳 充芮切

尸 式脂切　尺 昌石切　尾 無斐切　履 良止切　舟 職流切　方 府良切

儿 如鄰切　兄 許榮切　兂 側岑切　皃 莫教切　兜 公戶切　先 穌前切

禿 他谷切　見 古甸切　覞 曳欠切　欠 去劍切　㱃 於錦切　㳄 敘連切

旡 居未切

說文解字弟九

希篆應作[篆] 此与後敘目均誤今據書內改

頁 胡結切　𦣻 書九切　面 弥箭切　丏 弥兗切　首 書九切　県 古堯切

須 相俞切　彡 所銜切　彣 無分切　文 無分切　髟 必凋切　后 胡口切

司 息茲切　卮 章移切　卩 子結切　印 於刃切　色 所力切　卯 去京切

辟 必益切　勹 布交切　包 布交切　茍 己力切　鬼 居偉切　甶 敷勿切

厶 息夷切　嵬 五灰切　山 所閒切　屾 所臻切　屵 五葛切　广 魚儉切

厂 呼旱切　丸 胡官切　危 魚爲切　石 常隻切　長 直良切　勿 文弗切

冄 而琰切　而 如之切　豕 式視切　㣇 羊至切　彑 居例切　豚 徒魂切

豸 池尔切　舄 徐姊切　易 羊益切　象 徐兩切

說文解字弟十

馬 莫下切　廌 宅買切　鹿 盧谷切　麤 倉胡切　㲋 丑略切　兔 湯故切

熊屬焉羽宮切

尣應作尢

夲孫本同當作夲

莧胡官切　犬苦泫切　㹜語斤切　鼠書呂切　能奴登切　熊宮

火呼果切　炎于廉切　黑呼北切　囱楚江切　焱以冉切　炙之石切

赤昌石切　大徒蓋切　亦羊益切　夨阻力切　夭於兆切　交古爻切

尣烏光切　壺戶吳切　壹於悉切　㚔尼輒切　奢式車切　亢古郎切

夲土刀切　夰古老切　亣他達切　夫甫無切　立力入切　竝蒲迥切

囟息進切　思息茲切　心息林切　惢累二切

說文解字第十一

水式軌切　沝之壘切　瀕符眞切　〳姑泫切　巜古外切　川昌緣切

泉疾緣切　灥詳遵切　永于憬切　𠂢匹卦切　谷古祿切　仌筆陵切

雨王矩切　雲王分切　魚語居切　𩺰語居切　燕於甸切　龍力鍾切

鹽下從皿 卷内及叙目均同 惟此處誤從皿耳 平津館覆本亦從[?]

侯 孫本同 陳改作懷

飛 飛甫微切 非 非甫微切 卂 卂息晉切

說文解字第十二

乚 乙烏轄切 不 不方久切 至 至脂利切 西 西先稽切 鹵 鹵郎古切 鹽 鹽余廉切

戶 戶侯古切 門 門莫奔切 耳 耳而止切 𦣝 𦣝與之切 手 手書九切 𠦬 𠦬古侯切

女 女尼呂切 毋 毋武扶切 民 民彌鄰切 丿 丿房密切 𠂆 𠂆余制切 乀 乀弋支切

氏 氏承旨切 氐 氐丁禮切 戈 戈古禾切 戉 戉王伐切 我 我五可切 亅 亅衢月切

珡 珡巨今切 乚 乚於謹切 亡 亡武方切 匸 匸胡礼切 匚 匚府良切 曲 曲丘玉切

甾 甾側詞切 瓦 瓦五寡切 弓 弓居戎切 弜 弜其兩切 弦 弦胡田切 系 系胡計切

說文解字第十三

糸 糸莫狄切 素 素桑故切 絲 絲息兹切 率 率所律切 虫 虫許偉切 䖵 䖵古魂切

蟲直弓切　風方戎切　它託何切　龜居追切　黽莫杏切　卵盧管切

二而至切　土它魯切　垚吾聊切　堇巨斤切　里良止切　田待年切

畕居良切　黃乎光切　男那含切　力林直切　劦胡頰切

說文解字第十四

金居音切　幵古賢切　勺之若切　几居履切　且子也切　斤舉欣切

斗當口切　矛莫浮切　車尺遮切　𠂤都回切　𨸏房九切　𨺅房九切

厽力軌切　四息利切　宁直呂切　叕陟劣切　亞衣駕切　五疑古切

六力竹切　七親吉切　九舉有切　禸人九切　嘼許救切　甲古狎切

乙於筆切　丙兵永切　丁當經切　戊莫候切　己居擬切　巴伯加切

庚古行切　辛息鄰切　辡方免切　壬如林切　癸居誄切　子即里切

又清人治小學諸家見此本者甚少以唯嚴鐵橋孫平津二人耳王性甫雖收藏然無著錄故復記之

了盧鳥切 孨旨兗切 𠫓他骨切 丑敕九切 寅弋真切 卯莫飽切

辰植鄰切 巳詳里切 午疑古切 未無沸切 申失人切 酉與九切

酋字秋切 戌辛聿切 亥古改切

說文解字標目

此小字北宋本未可與他宋本同論其精善處可以決治學之疑未之見者往往誤今已入海外靜嘉文庫惜平津館覆刻時改移行款又未細校若非容攬幾亦未審其臧否予顧家今佳偶然讀之 易木錄識于錫里

說文解字第一上

漢太尉祭酒許慎記

銀青光祿大夫守右散騎常侍上柱國東海縣開國子食邑五百戶臣徐鉉等奉

敕校定

十四部　六百七十二文　重八十一

凡萬六百三十九字

文三十一新附

一　惟初太始道立於一造分天地化成萬物凡一之屬皆从一　於悉切

弌　古文一

元　始也从一从兀徐鍇曰元者善之長也故从一　愚袁切

天　顚也至高無上从一大　他前切

丕　大也从一不聲　敷悲切

吏　治人者也从一从史史亦聲徐鍇曰吏之治人心主於一故从一　力置切

文五　重一

收字誤孫本作敷是也

从字下缺處爲一篆二字
字字下缺處爲辛示辰三字

雱孫本作雱是也

祿篆誤應从部首彔作祿

祿篆誤从互誤見部目及部內應作彔系後艸部菉二誤餘之辵目見之女系金諸部字未誤孫氏平津館覆此上六同大興朱氏覆汲古閣宋本祝也則卓卑部之未誤乃

上 高也此古文上指事也凡上之屬皆从上 時掌切

丄 篆文上 帝 諦也王天下之號也从上朿聲都計切 帝 古文帝古文諸上字皆从一篆文皆从二二古文上字

龍童音章皆从古文上 旁 溥也从二闕方聲步光切 旁 古文旁 旁 亦古文旁 旁 籀文 丅 底也

指事胡雅切 下 篆文下 文四 重七

示 天垂象見吉凶所以示人也从二二古文上字 三垂日

月星也觀乎天文以察時變示神事也凡示

之屬皆从示

示 古文示 祜 上諱 臣鉉等曰此漢安帝名也福也當从示古聲侯古切 禮 履也所以事神致福也从示从

豊豊亦聲 靈啓切 礼 古文禮 禧 禮吉也从示喜聲許其切 禛 以真受福也从示真聲側鄰切 祿 福也

从示彔聲 盧谷切 褫 福也从示虒聲息移切 禎 祥也从示貞聲陟盈切 祥 福也从示羊聲 一云善 似羊切

禩篆誤應作禩

乎孫本作平是也

祉 福也从示止聲敕里切 福 祐也从示畐聲方六切 祐 助也从示右聲于救切 祺 吉也从示其聲渠之切 禥

籀文从基 祗 敬也从示氐聲旨移切 禔 安福也从示是聲易曰禔既乎市支切 神 天神引出萬物者也从示申食

鄰切 祇 地祇提出萬物者也从示氏聲巨支切 祕 神也从示必聲兵媚切 齋 戒潔也从示齊省聲側皆切 𩆜 籀文

齋从襲省襲音禱 禋 潔祀也一曰精意以享為禋从示垔聲於眞切 𥛓 籀文从宀 祭 祭祀也从示以手持肉子例切 祀

祭無巳也从示巳聲詳里切 禩 祀或从異 祡 燒柴焚燎以祭天神从示此聲虞書曰至于岱宗祡仕皆切 𥛠 古文祡从隋省

𥜏 以事類祭天神从示類聲力遂切 祪 祔祪祖也从示危聲過委切 祔 後死者合食於先祖从示付聲符遇切 祖 始廟

也从示且聲則古切 𥛱 門內祭先祖所以徬徨从示彭聲詩曰祝祭于𥛱補盲切 祊 𥛱或从方 祰 告祭也从示从告聲苦

浩切 祏 宗廟主也周禮有郊宗石室一曰大夫以石為主从示从石石亦聲常隻切 𥙊 以豚祠司命从示比聲漢律曰祠𥙊司命卑

履切 祠 春祭曰祠品物少多文詞也从示司聲仲春之月祠不用犧牲用圭璧及皮幣似茲切 礿 夏祭也从示勺聲以灼切 禘

諦祭也从示帝聲周禮曰五歲一禘特計切 祫 大合祭先祖親疏遠近也从示合周禮曰三歲一祫侯夾切 祼 灌祭也从示果

春當作舂孫本亦误

聲古玩切

𥜽 數祭也从示毳聲讀若春麥爲毳之毳臣鉉等曰春麥爲毳今無此語且非異文所未詳也此芮切

祝 祭主贊詞者从示从人口一曰从兌省易曰兌爲口爲巫之六切

𥛸 祝𥛸也从示留聲力救切

祓 除惡祭也从示犮聲敷勿切

祈 求福也从示斤聲渠稀切

禱 告事求福也从示壽聲都浩切

𥙃 禱或省

𥛍 籀文禱

禜 設綿蕝爲營以禳風雨雪霜水旱癘疫於日月星辰山川也从示榮省聲一曰禜衛使災不生禮記曰雩禜祭水旱爲命切

禳 磔禳祀除癘殃也古者燧人禜子所造从示襄聲汝羊切

禬 會福祭也从示从會會亦聲周禮曰禬之祝號古外切

禪 祭天也从示單聲時戰切

禦 祀也从示御聲魚舉切

𥙊 祀也从示昏聲古末切

禖 祭也从示某聲莫桮切

⿰示胥 祭具也从示胥聲私呂切

祳 社肉盛以蜃故謂之祳天子所以親遺同姓从示辰聲春秋傳曰石尚來歸祳時忍切

祴 宗廟奏祴樂从示戒聲古哀切

禡 師行所止恐有慢其神下而祀之曰禡从示馬聲周禮曰禡於所征之地莫駕切

禂 禱牲馬祭也从示周聲詩曰既禡既禂都皓切

𩦠 或从馬壽省聲

社 地主也从示土春秋傳曰共工之子句龍爲社神周禮二十五家爲社各樹其土所宜之木常者切

𥘶 古文社

禓 道上祭从示昜聲与章切

祲 精氣感祥从示侵省聲春秋傳曰見赤黑之祲子林切

禍 害也神不福也从示咼聲胡果切

祟 神禍也从示从出雖遂切 𥛠 籀文祟从𥜻省 祅 地反物爲祅也从示芺聲於喬切 祘 明視以筭之从二示逸周書曰士分民之祘均分以祘之也讀若筭蘇貫切 禁 吉凶之忌也从示林聲居蔭切 禫 除服祭也从示覃聲徒感切

文六十　重十三

禰 親廟也从示爾聲一本云古文䅲也泥米切 祧 遷廟也从示兆聲他彫切 祆 胡神也从示天聲火千切 祚 福也从示乍聲臣鉉等曰凡祭必受胙胙即福也此字後人所加徂故切

文四 新附

三 天地人之道也从三數凡三之屬皆从三穌甘切

弎 古文三从弋

文一　重一

王 天下所歸往也董仲舒曰古之造文者三畫而連其中謂之王三者天地人也而參通之者王也孔子曰一貫三爲王凡王之屬皆从

如字衍 孫本不衍

上 孫本作工是也

璬 孫本作璬是也

王 李陽冰曰中畫近上王者則天之義 雨方切

𤣩 古文王

閏 餘分之月五歲再閏告朔之禮天子居宗廟閏月居門中从王在門中周禮曰閏月王居門中終月也 如順切

皇 大也从自自始也始皇者三皇大君也自讀若鼻今俗以始生子爲鼻子 胡光切

文三 重一

玉 石之美有五德潤澤以温仁之方也䚡理自外可以知中義之方也其聲舒揚專以遠聞智之方也不橈而折勇之方也銳廉而不技絜之方也象三玉之連丨其貫也凡玉之屬皆从玉 陽冰曰三畫正均如貫玉也 魚欲切

𠙻 古文玉

璙 玉也从玉尞聲 洛蕭切

瓘 玉也从玉雚聲春秋傳曰瓘斝 上玩切

璥 玉也从玉敬聲 居領切

琠 玉也从玉典聲 多殄切

瓇 玉也从玉夒聲讀若柔 耳由切

璬 玉也从玉敫聲讀若鬲 郎擊切

璠 璵璠魯之寶玉从玉番聲孔子曰美哉璵璠遠而望之奐若也近而視之瑟若也一則理勝二則孚勝 附袁切

璵 璵璠也从玉與聲 以諸切

菀孫本作堇是也

閒孫本作閭是也

璆篆譌孫本作璆是也
珠孫本作球是也

坐孫本作半是也

瑾 瑾瑜美玉也从玉菀聲居隱切

瑜 瑾瑜美玉也从玉俞聲羊朱切

玒 玉也从玉工聲戶工切

琜 琜瓄玉也从玉來聲落哀切

瓊 赤玉也从玉夐聲渠營切

璚 瓊或从矞

瓗 瓊或从巂

琁 瓊或从旋省 臣鉉等曰今與璿同

珦 玉也从玉向聲許亮切

瓎 玉也从玉剌聲盧達切

珣 醫無閒珣玗琪周書所謂夷玉也从玉旬聲一曰器讀若宣相倫切

璐 玉也从玉路聲洛故切

瓚 三玉二石也从玉贊聲禮天子用全純玉也上公用駹四玉一石侯用瓚伯用埒玉石半相埒也徂贊切

瑛 玉光也从玉英聲於京切

璑 三采玉也从玉無聲武扶切

珛 朽玉也从玉有聲讀若畜牧之畜許救切

璿 美玉也从玉睿聲春秋傳曰璿弁玉纓似沿切

㻏 古文璿

叡 籒文璿

球 玉聲也从玉求聲巨鳩切

璆 珠或从翏

琳 美玉也从玉林聲力尋切

璧 瑞玉圜也从玉辟聲比激切

瑗 大孔璧人君上除陛以相引从玉爰聲爾雅曰好倍肉謂之瑗肉倍好謂之璧王眷切

環 璧也肉好若一謂之環从玉睘聲戶關切

璜 半璧也从玉黃聲戶光切

琮 瑞玉大八寸似車釭从玉宗聲藏宗切

琥 發兵瑞玉爲虎文从玉从虎虎亦聲春秋傳曰賜子家雙琥呼古切

瓏 禱旱玉龍文从玉从龍龍亦聲力鍾切

琬 圭有琬者从玉宛聲於阮切

璋 剡上爲圭坐圭爲璋

璏篆譌孫本同應作璏

从玉章聲禮六幣圭以馬璋以皮璧以帛琮以錦琥以繡璜以黼諸良切

琰 璧上起美色也从玉炎聲以冉切

玠 大圭也从玉介聲周書曰稱奉介圭古拜切

瑒 圭尺二寸有瓚以祠宗廟者也从玉昜聲丑亮切

瓛 桓圭公所執从玉獻聲胡官切

珽 大圭長三尺抒上終葵首从玉廷聲他鼎切

瑁 諸侯執圭朝天子天子執玉以冒之似犂冠周禮曰天子執瑁四寸从玉冒冒亦聲莫報切

⿰玉冃 古文省

璬 玉佩从玉敫聲古了切

珩 佩上玉也所以節行止也从玉行聲戶庚切

玦 玉佩也从玉夬聲古穴切

瑞 以玉爲信也从玉耑徐鍇曰耑諦也會意是僞切

珥 瑱也从玉耳耳亦聲仍吏切

瑱 以玉充耳也从玉真聲詩曰玉之瑱兮臣鉉等曰今充耳字更从玉旁充非是他甸切

⿰耳真 瑱或从耳

琫 佩刀下飾天子以玉諸侯以金从玉奉聲邊孔切

珌 佩刀下飾天子以玉从玉必聲卑吉切

璏 劒鼻玉也从玉彘聲直例切

瑵 車蓋玉瑵从玉蚤聲側絞切

瑑 圭璧上起兆瑑也从玉篆省聲周禮曰瑑圭璧直戀切

珇 琮玉之瑑从玉且聲則古切

瑧 弁飾往往冒玉也从玉綦聲渠之切

璂 瑧或从基

璪 玉飾如水藻之文从玉喿聲虞書曰璪火黺米子皓切

瑬 垂玉也冕飾从玉流聲力求切

璹 玉器也从玉𠷎聲讀若淑殊六切

瓃 玉器也从玉畾聲臣鉉等案靁字注象回轉之形畾不成字凡从畾

瑮从栗孫本同應作瑮从㮚

祑祑孫本作秩秩是也

奔當作奔孫本不誤

瑀以篆譌應作瑀

者竝當从靁省魯回切　瑳　玉色鮮白从玉差聲七何切　玼　玉色鮮也从玉此聲詩曰新臺有玼千礼切　璱　玉英華相帶如瑟弦从玉瑟聲詩曰瑟彼玉瓚所櫛切　瑮　玉英華羅列秩秩从玉㮚聲逸論語曰玉粲之璱兮其瑮猛也力質切　瑩　玉色从玉熒省聲一曰石之次玉者逸論語曰如玉之瑩烏定切　璊　玉䞓色也从玉㒼聲禾之赤苗謂之𧇊言璊玉色如之莫奔切　𤧧　璊或从允　瑕　玉小赤也从玉叚聲乎加切　琢　治玉也从玉豖聲竹角切　琱　治玉也一曰石似玉从玉周聲都僚切　理　治玉也从玉里聲良止切　珍　寶也从玉㐱聲陟鄰切　玩　弄也从玉元聲五換切　貦　玩或从貝　玲　玉聲从玉令聲郎丁切　瑲　玉聲也从玉倉聲詩曰鞗革有瑲七羊切　玎　玉聲也从玉丁聲齊太公子伋謚曰玎公當經切　琤　玉聲也从玉爭聲楚耕切　瑣　玉聲也从玉貨聲蘇果切　瑝　玉聲也从玉皇聲乎光切　瑀　石之似玉者从玉禹聲王矩切　玤　石之次玉者以爲系璧从玉丰聲讀若詩曰瓜瓞菶菶一曰若盒蚌補蠓切　玪　玪塾石之次玉者从玉今聲古函切　塾　玪塾也从玉勒聲盧則切　琚　瓊琚从玉居聲詩曰報之以瓊琚九魚切　璓　石之次玉者从玉莠聲詩曰充耳璓瑩息救切　玖　石之次玉黑色者从玉久聲詩曰貽我佩玖讀若芑或曰若人句脊之句舉友切　㺿　石之似玉者从玉㔰聲讀若貽與之切　珢　石之似玉者从

玉良聲語巾切㻂石之似玉者从玉曳聲余制切璅石之似玉者从玉巢聲子浩切璡石之似玉者从玉進聲讀若津

將鄰切⿰玉朁石之似玉者从玉朁聲側岑切璁石之似玉者从玉悤聲讀若蔥倉紅切⿰玉號石之似玉者从玉號聲讀若鎬乎

到切⿰玉牽石之似玉者从玉牽聲讀若曷胡捌切⿰玉⿰貝又石之似玉者从玉⿰貝又聲烏貫切⿰玉燮石之似玉者从玉燮聲穌叶切

玽石之次玉者从玉句聲讀若苟古厚切琂石之似玉者从玉言聲語軒切璶石之似玉者从玉盡聲徐刃切琟

石之似玉者从玉隹聲讀若維以追切瑦石之似玉者从玉烏聲安古切瑂石之似玉者从玉眉聲讀若眉武悲切璒

石之似玉者从玉登聲都騰切㺱石之似玉者从玉厶聲讀與私同息夷切玗石之似玉者从玉于聲羽俱切⿰玉叟玉屬从玉

叟聲讀若沒莫悖切瑎黑石似玉者从玉皆聲讀若諧戶皆切碧石之青美者从玉石白聲兵尺切琨

石之美者从玉昆聲虞書曰楊州貢瑤琨古渾切瑻琨或从貫珉石之美者从玉民聲武巾切瑤玉之美者

从玉䍃聲詩曰報之以瓊瑤余招切珠蚌之陰精从玉朱聲春秋國語曰珠以禦火灾是也章俱切玓玓瓅

明珠色从玉勺聲都歷切瓅玓瓅从玉樂聲郎擊切玭珠也从玉比聲宋弘云淮水中出玭珠玭珠之有聲步因切蠙

夏書玭从虫賓 珕 蜃屬从玉劦聲禮佩刀士珕琫而珧珌臣鉉等曰劦亦音麗故以爲聲郎計切 珧 蜃甲也所以飾物也从玉
兆聲禮云佩刀天子玉琫而珧珌余昭切 玫 火齊玫瑰也一曰石之美者从玉文聲莫桮切 瑰 玫瑰从玉鬼聲一曰圜好公回
切 璣 珠不圜也从玉幾聲居衣切 琅 琅玕似珠者从玉良聲魯當切 玕 琅玕也从玉干聲禹貢雝州球琳琅
玕古寒切 𤦲 古文玕 珊 珊瑚色赤生於海或生於山从玉删省聲穌干切 瑚 珊瑚也从玉胡聲戶吴切
珋 石之有光璧珋也出西胡中从玉丣聲力求切 琀 送死口中玉也从玉从含含亦聲胡紺切 𤪌 遺玉也从玉歔聲以
周切 璗 金之美者與玉同色从玉湯聲禮佩刀諸侯璗琫而璆珌徒朗切 靈 靈巫以玉事神从玉霝聲郎丁切
𩆜 靈或从巫 文一百二十六 重十七
珈 婦人首飾从玉加聲詩曰副笄六珈古牙切 璩 環屬从玉豦聲見山海經彊魚切 琖 玉爵也夏曰琖
殷曰斝周曰爵从玉戔聲或从皿阻限切 琛 寶也从玉深省聲丑林切 璫 華飾也从玉當聲都郎切 琲 珠五百枚
也从玉非聲普乃切 珂 玉也从玉可聲苦何切 玘 玉也从玉己聲去里切 珝 玉也从玉羽聲況主切 璀

璀 璀璨玉光也从玉崔聲七罪切 璨 玉光也从玉粲聲倉案切 琡 玉也从玉叔聲昌六切 瑄 璧六寸也从玉宣聲須緣切 珙 玉也从玉共聲拘竦切

文十四 新附

珏 二玉相合爲一珏凡珏之屬皆从珏 古岳切

瑴 珏或从㱿 班 分瑞玉从珏从刀布還切 𤦡 車笭間皮篋古者使奉玉以藏之从車珏讀與服同房六切

文三 重一

气 雲气也象形凡气之屬皆从气 去既切

氛 祥气也从气分聲符分切 雰 氛或从雨

文二 重一

士 事也數始於一終於十从一从十孔子曰推十合一爲士凡士之屬皆从士 鉏里切

壻 夫也从士胥聲詩曰女也不爽士貳其行士者夫也讀與細同穌計切 婿 壻或从女 壯 大也从士爿聲

杜孫本作杠是也

側亮切　壿舞也从士尊聲詩曰壿壿舞我慈損切　文四　重一

丨上下通也引而上行讀若囟引而下行讀若退凡丨之屬皆从丨古本切

中而也从口丨上下通陟弓切　𠁧古文中　𠁩籀文中　𣱵旌旗杜皃从丨从㫃㫃亦聲丑善切

文三　重二

說文解字第一上

篆譌應作毒
山孫本作屮是也
毒應作毒孫本亦誤
熏篆譌應作熏

説文解字弟一下

漢太尉祭酒許氏記

銀青光禄大夫守右散騎常侍上柱國東海縣開國子食邑五百戸臣徐鉉等奉

敕校定

屮 艸木初生也象丨出形有枝莖也古文或以爲艸字讀若徹凡屮之屬皆从屮尹彤説 臣鉉等曰丨上下通也象艸木萌芽通徹地上也丑列切

屯 難也象艸木之初生屯然而難从屮貫一一地也尾曲易曰屯剛柔始交而難生陟倫切

每 艸盛上出也从屮母聲臣鉉等案左傳原田每每今別作莓非是武罪切

毒 厚也害人之艸往往而生从屮从毒徒沃切

𦺇 古文毒从刀䒐

芬 艸初生其香分布从屮从分分亦聲撫文切

芬 芬或从艸

𡴆 菌𡴆地蕈叢生田中从屮六聲力竹切

⿱𡴆⿰𡴆𡴆 籀文𡴆从三𡴆

熏 火煙上出也从屮从黑屮黑熏黑也許云切

文七 重三

聲一二字應接子字下張本不誤

艸 百卉也从二屮凡艸之屬皆从艸 倉老切

莊 上諱 臣鉉等曰此漢明帝名也从艸从壯未詳側羊切 𦽰 古文莊 蓏 在木曰果在地曰蓏从艸从㼌郎果切 芝 神艸也从艸从之止而切 萐 萐莆瑞艸也堯時生於庖廚扇暑而涼从艸疌聲士洽切 莆 萐莆也从艸甫聲方矩切 虋 赤苗嘉穀也从艸釁聲莫奔切 荅 小尗也从艸合聲都合切 萁 豆莖也从艸其聲渠之切 藿 尗之少也从艸靃聲虛郭切 莥 鹿藿之實名也从艸狃聲敕久切 蓈 禾粟之采生而不成者謂之董蓈从艸郎聲魯當切 稂 蓈或从禾 莠 禾粟下生莠从艸秀聲讀若酉与久切 萉 枲實也从艸肥聲房未切 䕠 萉或从麻賁 芓 麻母也从艸子曰芓即枲也疾聲一吏切 蘔 芓也从艸異聲羊吏切 蘇 桂荏也从艸穌聲素孤切 荏 桂荏蘇从艸任聲如甚切 苵 菜也从艸失聲失匕切 䓀 菜之美者雲夢之䓀从艸豈聲驅喜切 葵 菜也从艸癸聲彊惟切 薑 禦溼之菜也从艸彊聲居良切 蓼 辛菜薔虞也从艸翏聲盧鳥切 蒩 菜也从艸祖聲則古切 䕭 菜也似蘇者从艸豦聲彊魚切 薇 菜也似藿从艸微聲無非切 [illegible]

未孫本作尗是也

于孫本作干是也

九孫本作丸是也

籒文薇省

蓶 菜也从艸唯聲以水切

菦 菜類蒿从艸近聲周禮有菦菹巨巾切

蘸 菜也从艸釀聲女亮切

莧 莧菜也从艸見聲侯澗切

芋 大葉實根駭人故謂之芋也从艸亏聲徐鍇曰芋猶言吁吁驚辭故曰駭人王遇切

莒 齊謂芋爲莒从艸呂聲居許切

蘧 蘧麥也从艸遽聲彊魚切

菊 大菊蘧麥从艸匊聲居六切

葷 臭菜也从艸軍聲許云切

蘘 蘘荷也一名葍蒩从艸襄聲汝羊切

菁 韭華也从艸青聲子盈切

蘆 蘆菔也一曰薺根从艸盧聲落乎切

菔 蘆菔似蕪菁實如小未者从艸服聲蒲北切

苹 蕪也無根浮水而生者从艸平聲符兵切

蓱

茞 艸也从艸臣聲稹鄰切

蘋 大蓱也从艸賓聲符眞切

藍 染青艸也从艸監聲魯甘切

藼 令人忘憂艸也从艸憲聲詩曰安得藼艸況袁切

蕿 或从煖

萱 或从宣

营 营藭香艸也从艸宮聲去弓切

芎 司馬相如說营从弓

藭 营藭也从艸窮聲渠弓切

蘭 香艸也从艸闌聲落于切

葌 艸出吳林山从艸姦聲古顏切

葰 薑屬可以香口从艸俊聲息遺切

芄 芄蘭莞也从艸九聲詩曰芄蘭之枝胡官切

虈 楚謂之蘺晉謂之䓞齊謂之茝从艸嚻聲許嬌切

蘺 江蘺蘪蕪从艸

篇孫本作萹是也
兩筑字孫本均作茿是也
藒篆譌當作藒孫本不誤
茖篆譌當作茖孫本不誤
苷篆譌當作苷孫本亦誤
蒁篆譌當作蒁孫本不誤
蓩篆譌當作蓩
務當作敄孫本亦誤
毗孫本作脂是也

離聲呂之切 茝 虈也从艸臣聲昌改切 蘪 蘪蕪也从艸麋聲靡爲切 薰 香艸也从艸熏聲許云切 ⿱艹⿰氵毒
水篇筑从艸从水毒聲讀若督徒沃切 萹 萹筑也从艸扁聲方丏切 茿 萹筑也从艸筑省聲陟玉切 藒
芞輿也从艸揭聲去謁切 芞 芞輿也从艸气聲去訖切 苺 馬苺也从艸母聲武辠切 茖 艸也从艸各聲古額切
苷 甘艸也从艸从甘古三切 芧 艸也从艸予聲可以爲繩直呂切 藎 艸也从艸盡聲徐刃切
蒁 艸也从艸述聲食聿切 荵 荵冬艸从艸忍聲而軫切 萇 萇楚跳弋一名羊桃从艸長聲直良
切 薊 芺也从艸魝聲古詣切 荲 艸也从艸里聲讀若釐里之切 藋 釐艸也一曰拜商藋从艸翟聲徒
弔切 芨 菫艸也从艸及聲讀若急居立切 葥 山莓也从艸歬聲子賤切 蓩 毒艸也从艸務聲莫候切 蓩
卷耳也从艸務聲亡考切 蓡 人蓡藥艸出上黨从艸浸聲山林切 ⿱艹攣 鳧葵也从艸攣聲洛官切 ⿱艹戾 艸也可以染留
黃从艸戾聲郎計切 荍 蚍虾也从艸收聲渠遙切 ⿱艹毗 蒿也从艸毗聲房毗切 萭 艸也从艸禹聲王矩切
荑 艸也从艸夷聲杜兮切 薛 艸也从艸辥聲私列切 苦 大苦苓也从艸古聲康杜切 菩 艸也

之孫本作式

井當作牛孫本亦誤

榦孫本作榦是也

从艸音聲步乃切 ⿱艹啻 薏苢从艸⿱艹啻聲一曰⿱艹啻英於力切 茅 菅也从艸矛聲莫交切 菅 茅也从艸官聲古顏

切 蘄 艸也从艸斳聲江夏有蘄春亭臣鉉等案說文無斳字他字書亦無此篇下有菥字注云江夏平春亭名疑相承

誤重出一字渠支切 莞 艸也可以作席从艸完聲胡官切 藺 莞屬从艸閵聲良刃切 蒢 黃蒢職也

从艸除聲直魚切 蒲 水艸也可以作席从艸浦聲薄胡切 蒻 蒲子可以為平席从艸弱聲而灼切 𦽏

蒲蒻之類也从艸深聲之箴切 蓷 萑也从艸推聲詩曰中谷有蓷他回切 萑 艸多皃从艸隹聲職追切 茥

缺盆也从艸圭聲苦圭切 莙 井藻也从艸君聲讀若威渠殞切 䓴 夫蘺也从艸睆聲胡官切 蒚 夫蘺上也

从艸鬲聲力的切 苢 芣苢一名馬舄其實如李令人宜子从艸㠯聲周書所說羊止切 蕁 芜藩也从艸尋

聲徒含切 薚 蕁或从爻 ⿱艹毄 艸也从艸毄聲古歷切 蓲 艸也从艸區聲去鳩切 ⿱艹固 艸也从艸固聲古慕

切 ⿱艹榦 艸也从艸榦聲古案切 藷 藷蔗也从艸諸聲章魚切 蔗 藷蔗也从艸庶聲之夜切 ⿱艹𣪊 [illegible]

可以作縻綆从艸𣪊聲女庚切 ⿱艹賜 艸也从艸賜聲斯義切 ⿱艹中 艸也从艸中聲陟宮切 萯 王萯也从艸負

苽孫本同小徐作瓜藤宋作瓜是也

聲房九切 芺 艸也味苦江南食以下气从艸夭聲烏皓切 ⿱艹弦 艸也从艸弦聲胡田切 ⿱艹𡈚 艸也从艸𡈚聲𡈚籒文囿于救切 莩 艸也从艸孚聲芳無切 ⿱艹寅 兔苽也从艸寅聲翼真切 荓 馬帚也从艸并聲薄經切 蕕 水邊艸也从艸猶聲以周切 荌 艸也从艸安聲烏旰切 藄 綦月爾也从艸綦聲渠之切 莃 兔葵也从艸稀省聲香衣切 ⿱艹夢 灌渝从艸夢聲讀若萌莫中切 蕧 盜庚也从艸復聲房六切 苓 卷耳也从艸令聲郎丁切 ⿱艹贛 艸也从艸贛聲一曰薏苢古送切又古禫切 藑 茅葍也一名蕣从艸瞏聲渠營切 ⿱艹富 葍也从艸富聲方布切 葍 ⿱艹富也从艸畐聲力六切 蓨 苗也从艸脩聲徒聊切又湯彫切 苗 蓨也从艸由聲徒歷切又他六切 ⿱艹昜 艸枝枝相值葉葉相當从艸昜聲楮羊切 薁 嬰薁也从艸奧聲於六切 葴 馬藍也从艸咸聲職深切 ⿱艹魯 艸也可以束从艸魯聲郎古切 蓾 ⿱艹魯或从鹵 ⿱艹㪔 艸也从艸㪔聲臣鉉等案說文無㪔字當是𣪠字之省而聲不相近未詳苦怪切 蔞 艸也可以亨魚从艸婁聲力朱切 藟 艸也从艸畾聲詩曰莫莫葛藟一曰秬鬯也力軌切 蒬 棘蒬也从艸宛聲於元切 茈 茈艸也从艸此聲將此切 藐 茈艸也从艸䫉

剌孫本作刺是也

聲莫覺切 萴烏喙也从艸則聲阻力切 蒐茅蒐茹藘人血所生可以染絳从艸从鬼所鳩切 茜茅蒐

也从艸西聲倉見切 𧃍赤𧃍也从艸肆聲息利切 薜牡贊也从艸辟聲蒲計切 莣杜榮也从艸忘聲武方切

苞艸也南陽以爲麤履从艸包聲布交切 艾冰臺也从艸乂聲五蓋切 蔁艸也从艸章聲諸良切

芹楚葵也从艸斤聲巨巾切 薽豕首也从艸甄聲側鄰切 蔦寄生也从艸鳥聲詩曰蔦與女蘿都了切

樢蔦或从木 芸艸也似目宿从艸云聲淮南子說芸艸可以死復生王分切 𦸗艸也从艸歀聲麤最切

葎艸也从艸律聲呂戌切 茦莿也从艸朿聲楚革切 𦯀苦婁果蓏也从艸昏聲古活切 葑

須從也从艸封聲府容切 薺蒺棃也从艸齊聲詩曰牆有薺疾咨切又祖礼切 莿茦也从艸刺

聲七賜切 董鼎董也从艸童聲杜林曰藕根多動切 蘻狗毒也从艸繫聲古詣切 𦾓艸也从艸㛐聲蘇老切 芐

地黃也从艸下聲禮記鈃毛牛藿羊苄豕薇是侯古切 蘞白蘞也从艸僉聲良冉切 𧄫蘞或从斂 䔂

黃䔂也从艸金聲具今切 芩艸也从艸今聲詩曰食野之芩巨今切 藨鹿藿也从艸麃聲讀若剽一曰蔽屬平表

鷊孫本作鷊

蘜篆譌孫本作蘜是也

蘥篆譌當作蘥孫本亦譌

藗篆譌當作藗孫本不誤

艸下从字衍他本不誤

菡篆譌當作菡孫本不誤

易孫本作易是也

切

虉 綬也从艸鷊聲詩曰邛有旨虉是五狄切

蔆 芰也从艸淩聲楚謂之芰秦謂之薢茩力膺切

遴 司馬相如說蔆从遴

芰 蔆也从艸支聲奇記切

茤 杜林說芰从多

薢 薢茩也从艸解聲胡買切

茩 薢茩也从艸后聲胡口切

芡 雞頭也从艸欠聲巨險切

蘜 日精也以秋華从艸𥷚省聲居六切

蓻 蘜或省

蘥 爵麥也从艸龠聲以勺切

藗 牡茅也从艸遬聲遬籒文速桑谷切

䓼 茅秀也从艸私聲息夷切

蒹 雚之未秀者从艸兼聲古恬切

薍 菼也从艸亂聲八月薍為葦也五患切

𦵸 雚之初生一曰薍一曰鵻从艸剡聲土敢切

菼 𦵸或从炎

薕 蒹也从艸廉聲力鹽切

薠 青薠似莎者从艸煩聲附袁切

茚 昌蒲也从艸卬聲益州云五剛切

𦯉 茢苕也从艸邪聲以遮切

芀 葦華也从艸刀聲徒聊切

茢 芀也从艸㓞聲良辥切

菡 菡蔄也从艸圅聲胡感切

蔄 菡蔄芙蓉華未發為菡蔄已發為芙蓉从艸閻聲徒感切

蓮 芙蕖之實也从艸連聲洛賢切

茄 芙蕖莖从艸加聲古牙切

荷 芙蕖葉从艸何聲胡哥切

蔤 芙蕖本从艸密聲美必切

蕅 芙蕖根从艸水禺聲五厚切

蘢 天蘥也从艸龍聲盧紅切

蓍 蒿屬生十歲百莖易以為數

艸上脫从字孫本同
明孫蘇同小徐作朙是也
葛旨象譌當作曷孫本不誤
莕段氏據宋本及音義五經文字
改作荇嚴氏亦據釋文改六
朝人從文本作荇無莕篆行二篆

天子蓍九尺諸侯七尺大夫五尺士三尺从艸耆聲式脂切

菣 香蒿也从艸臤聲去刃切

𦺈 菣或从堅

莪 蘿莪蒿屬从艸我聲五何切

蘿 莪也从艸羅聲魯何切

菻 蒿屬从艸林聲力稔切

蔚 牡蒿也从艸尉聲於胃切

蕭 艾蒿也从艸肅聲蘇彫切

萩 蕭也从艸秋聲七由切

芍 鳧茈也从艸勺聲胡了切

葥 王彗也从艸湔聲昨先切

蔿 艸也从艸爲聲于鬼切

莐 艸也从艸冘聲直深切

蘜 治蘠也从艸鞠聲居六切

蘠 蘠蘼虋冬也从艸牆聲賤羊切

芪 芪母也从艸氏聲常之切

菀 茈菀出漢中房陵从艸宛聲於阮切

莔 貝母也从艸明省聲武庚切

⿱艹朮 山薊也从艸术聲直律切

蓂 析蓂大薺也从艸冥聲莫歷切

菋 荎藸也从艸味聲无沸切

荎 荎藸艸也从艸至聲直尼切

藸 荎藸也从艸豬聲直魚切

葛 絺綌艸也从艸曷聲古達切

蔓 葛屬从艸曼聲無販切

䓘 葛屬白華从艸皐聲古勞切

莕 菨餘也从艸杏聲何梗切

荇 莕或从行同

菨 菨餘也从艸妾聲子葉切

⿱艹罤 艸也从艸罤聲古渾切

芫 魚毒也从艸元聲愚袁切

蘦 大苦也从艸霝聲郎丁切

蕛 蕛苵也从艸稊聲大兮切

苵 蕛苵也从艸失聲徒結切

艼 艼熒朐也从艸丁聲天經切

蔣 苽蔣

⿱艹難篆譌據藤同當作⿱艹難

皇孫本作葟是也

也从艸將聲子良切又即兩切 苽 雕苽一名蔣从艸瓜聲古胡切 ⿱艹育 艸也从艸育聲余六切 䕷

艸也从艸罷聲符羈切 ⿱艹難 艸也从艸難聲如延切 莨 艸也从艸良聲魯當切 葽 艸也从艸要

聲詩曰四月秀葽劉向說此味苦苦葽也於消切 薖 艸也从艸過聲苦禾切 菌 地蕈也从艸囷聲渠殞切 蕈 桑䕞

从艸覃聲慈荏切 䓴 木耳也从艸耎聲一曰萮茈而兗切 葚 桑實也从艸甚聲常荏切 蒟 果也从艸竘聲俱羽切

芘 艸也一曰芘茮木从艸比聲房脂切 蕣 木堇朝華暮落者从艸䑞聲詩曰顏如蕣華舒閏切 萸 茱萸也从艸臾

聲羊朱切 茱 茱萸茮屬从艸朱聲市朱切 茮 茮菉从艸尗聲子寮切 莍 茮樧實裹如表者从艸求聲巨鳩

切 荊 楚木也从艸刑聲舉卿切 𦶜 古文荊 菭 水衣从艸治聲徒哀切 芽 萌芽也从艸牙聲五加切

萌 艸芽也从艸明聲武庚切 茁 艸初生出地皃从艸出聲詩曰彼茁者葭鄒滑切 莖 枝柱也从艸巠聲戶耕切

莛 莖也从艸廷聲特丁切 葉 艸木之葉也从艸枼聲與涉切 ⿱艹劂 艸之小者从艸劂聲劂古文銳字讀若芮居例切

芣 華盛从艸不聲一曰芣苢縛牟切 葩 華也从艸皅聲普巴切 芛 艸之皇榮也从艸尹聲羊捶切 蘳 黃華

䙴孫本作㶾是也

薿孫本作薿是也

犮孫本同當作犮
犮孫本同當作犮
二茇字孫本[illegible]作茇是也

从艸黊聲讀若壞乎瓦切 蔈 苕之黃華也从艸㶾聲一曰末也方小切 英 艸榮而不實者一曰黃英从艸央聲

於京切 薾 華盛从艸爾聲詩曰彼薾惟何兒氏切 萋 艸盛从艸妻聲詩曰萋萋萋萋七稽切 菶

艸盛从艸奉聲補蠓切 薿 茂也从艸疑聲詩曰黍稷薿薿魚已切 蕤 艸木華垂皃从艸甤聲儒佳切 葼

青齊沇冀謂木細枝曰葼从艸㚇聲子紅切 䔟 艸萎䔟从艸移聲弋支切 蒝 艸木形从艸原聲愚袁切 莢

艸實从艸夾聲古叶切 芒 艸耑从艸亾聲武方切 蘛 藍蓼秀从艸隨省聲羊捶切 蔕 瓜當也从艸帶

聲都計切 荄 艸根也从艸亥聲古哀切又古諧切 荺 茇也茅根也从艸均聲于敏切 茇 艸根也从艸犮聲春艸根

枯引之而發土為撥故謂之茇一曰艸之白華為茇北末切 芃 艸盛也从艸凡聲詩曰芃芃黍苗房戎切 蒪 華葉布从艸傅

聲讀若傅方遇切 蓻 艸木不生也一曰茅芽从艸執聲姊入切 薪 艸多皃从艸新聲江夏平春有新亭語斤切

茂 艸豐盛从艸戊聲莫候切 蕩 艸茂也从艸暘聲丑亮切 蔭 艸陰地从艸陰聲於禁切 䔮 艸皃从艸造聲

初救切 茲 艸木多益从艸絲省聲子之切 蔋 艸旱盡也从艸俶聲詩曰蔋蔋山川徒歷切 藃 艸皃从艸歊聲周禮

芼篆譌當作芼 孫本不誤

蔡篆譌當作蔡 孫本不誤

曰轂獘不藃許嬌切 蔇 艸多皃从艸既聲居味切 薋 艸多皃从艸資聲疾茲切 蓁 艸盛皃从艸秦聲側詵切

莦 惡艸皃从艸肖聲所交切 芮 芮芮艸生皃从艸内聲讀若汭而銳切 茬 艸皃从艸在聲濟北有茬平縣仕甾切

薈 艸多皃从艸會聲詩曰薈兮蔚兮烏外切 蓩 細艸叢生也从艸敄聲莫候切 芼 艸覆蔓从艸毛聲詩曰左右芼之莫抱切

蒼 艸色也从艸倉聲七岡切 葻 艸得風皃从艸風讀若婪盧含切 萃 艸皃从艸卒聲讀若瘁秦醉切

蒔 更別穜从艸時聲時吏切 苗 艸生於田者从艸从田武鑣切 苛 小艸也从艸可聲乎哥切

蕪 薉也从艸無聲武扶切 薉 蕪也从艸歲聲於廢切 荒 蕪也从艸㠩聲一曰艸淹地也呼光切

䔬 艸亂也从艸寍聲杜林說艸⿱艹爭䔬皃女庚切 ⿱艹爭 ⿱艹爭䔬皃从艸爭聲側莖切 落 凡艸曰零木曰落从艸洛聲盧各切

蔽 蔽蔽小艸也从艸敝聲必袂切 蘀 艸木凡皮葉落陊地爲蘀从艸擇聲詩曰十月隕蘀他各切

薀 積也从艸温聲春秋傳曰薀利生孽於粉切 蔫 菸也从艸焉聲於乾切 菸 鬱也从艸於聲一曰殘也央居切

⿱艹榮 艸旋皃也从艸榮聲詩曰葛纍⿱艹榮之於營切 蔡 艸也从艸祭聲蒼大切 茷 艸葉多从艸伐

巛孫本作𡿧是也

繇當作䌛孫本亦誤

⿱艹致篆譌當作𦺇孫本不誤

聲春秋傳曰晉糴茷符發切

菜 艸之可食者从艸采聲蒼代切

𦳝 艸多葉皃从艸而聲沛城父有楊𦳝亭如之切

芝 艸浮水中皃从艸乏聲匹凡切

薄 林薄也一曰蠶薄从艸溥聲旁各切

苑 所以養禽獸也从艸夗聲於阮切

藪 大澤也从艸數聲九州之藪楊州具區荊州雲夢豫州甫田青州孟諸沇州大野雝州弦圃幽州奚養冀州楊紆并州昭餘祁是也蘇后切

菑 不耕田也从艸甾易曰不菑畬徐鍇曰當言从艸从甾从甾田不耕則艸塞之故从巛巛音灾若从甾則下有甾缶字相亂側詞切

甾 菑或省艸

蘨 艸盛皃从艸繇聲夏書曰厥艸惟繇余招切

薙 除艸也明堂月令曰季夏燒薙从艸雉聲他計切

⿱艹耒 耕多艸从艸耒耒亦聲盧對切

⿱艹致 艸大也从艸致聲陟利切

蔪 艸相蔪苞也从艸斬聲書曰艸木蔪苞慈冉切

⿱艹槧 蔪或从槧

茀 道多艸不可行从艸弗聲分勿切

苾 馨香也从艸必聲毗必切

蔎 香艸也从艸設聲識列切

芳 香艸也从艸方聲敷方切

蕡 雜香艸从艸賁聲浮分切

藥 治病艸从艸樂聲以勺切

⿱艹麗 艸木相附⿱艹麗土而生从艸麗聲易曰百穀艸木⿱艹麗於地呂計切

蓆 廣多也从艸席聲祥易切

芟 刈艸也从艸从殳所銜切

荐 薦蓆也从艸存聲在甸切

藉篆譌當作艸藉孫本不誤
蒩篆譌當作艸租孫本不誤

段曰各本篆誤作藍今依廣韵集韵訂作艸監
監段訂作⿱艹監

藉 祭藉也一曰艸不編狼藉从艸耤聲慈夜切又秦昔切 蒩 茅藉也从艸租聲禮曰封諸侯以土蒩以白茅子余切 蕝 朝會束茅表位曰蕝从艸絕聲春秋國語曰致茅蕝表坐子說切 茨 以茅葦蓋屋从艸次聲疾茲切 葺 茨也从艸咠聲七入切 蓋 苫也从艸盍聲古太切 苫 蓋也从艸占聲失廉切 ⿱艹渴 蓋也从艸渴聲於蓋切 ⿱艹屈 刷也从艸屈聲區勿切 藩 屏也从艸潘聲甫煩切 菹 酢菜也从艸沮聲側魚切 ⿱艹⿱沮皿 或从皿皿器也 ⿱艹⿱沮缶 或从缶 荃 芥脃也从艸全聲此緣切 ⿱艹酤 韭鬱也从艸酤聲苦步切 ⿱艹監 瓜菹也从艸監聲魯甘切 ⿱艹泜 菹也从艸泜聲直宜切 ⿱艹⿱泜皿 ⿱艹泜或从皿皿器也 ⿱艹橑 乾梅之屬从艸橑聲周禮曰饋食之籩其實乾⿱艹橑後漢長沙王始煑艸為⿱艹橑盧皓切 ⿱艹潦 ⿱艹橑或从潦 ⿱艹顡 煎茱萸从艸顡聲漢律會稽獻⿱艹顡一斗魚既切 ⿱艹宰 羹菜也从艸宰聲阻史切 若 擇菜也从艸右右手也一曰杜若香艸而灼切 蓴 蒲叢也从艸專聲常倫切 ⿱艹西 以艸補缺从艸西聲讀若陸或以為綴一曰約空也直例切 ⿱艹尊 叢艸也从艸尊聲慈損切 莜 艸田器从艸條省聲論語曰以杖荷莜今作蓧徒弔切 萆 雨衣一曰衰衣从艸卑聲一曰萆藨似烏韭扶歷切 ⿱艹是 艸也从艸是聲是支切 苴 履中艸从艸且聲子余切 ⿱艹麤 艸履也从艸麤聲倉胡切 蕢 艸器也从

茭篆譌當作茭孫本不誤

敊當作敊孫本亦誤

雈孫本作萑是也

艸貴聲求位切 臾 古文蕢象形論語曰有荷臾而過孔氏之門 𦯍 覆也从艸侵省聲七朕切 茵 車重席从艸因聲於

眞切 鞇 司馬相如說茵从革 芻 刈艸也象包束艸之形叉愚切 茭 乾芻从艸交聲一曰牛蘄艸古肴切 荹 亂艸从艸

步聲薄故切 茹 飤馬也从艸如聲人庶切 莝 斬芻从艸坐聲麤臥切 萎 食牛也从艸委聲於僞切

𦿆 以穀萎馬置莝中从艸敊聲楚革切 䒼 蠶薄也从艸曲聲丘玉切 蔟 行蠶蓐从艸族聲千木切 苣 束葦

燒从艸巨聲臣鉉等曰今俗別作炬非是其呂切 蕘 薪也从艸堯聲如昭切 薪 蕘也从艸新聲息鄰切 蒸 析麻

中榦也从艸烝聲煑仍切 𦺇 蒸或省火 蕉 生枲也从艸焦聲即消切 𦸗 糞也从艸胃省式視切 薶 瘞也从艸

貍聲莫皆切 葠 喪藉也从艸侵聲失廉切 折 斷也从斤斷艸譚長說食列切 𣂚 籒文折从艸在仌中仌寒故折 折

篆文折从手 卉 艸之總名也从艸屮許偉切 艽 遠荒也从艸九聲詩曰至于艽野巨鳩切 蒜 葷菜从艸祘聲蘇貫切

左文五十三　重二大篆从茻

芥 菜也从艸介聲古拜切 蔥 菜也从艸悤聲倉紅切 𦺈 艸也从艸雈聲詩曰食鬱及雈余六切 蕇 亭歷

鍋孫本作鎘是也

此菉篆譌从彔見部首七上

蓸篆譌當作[illegible]孫本亦譌

也从艸單聲多殄切 苟 艸也从艸句聲古厚切 蕨 鼈也从艸厥聲居月切 莎 鍋侯也从艸沙聲蘇禾切 蓱 苹也从艸洴聲薄經切 菫 艸也根如薺葉如細柳蒸食之甘从艸堇聲居隱切 菲 芴也从艸非聲芳尾切 芴 菲也从艸勿聲文弗切 ⿱艹鶾 艸也从艸鶾聲呼旰切 萑 薍也从艸萑聲胡官切 葦 大葭也从艸韋聲于鬼切 葭 葦之未秀者从艸叚聲古牙切 萊 蔓華也从艸來聲洛哀切 荔 艸也似蒲而小根可作㕞从艸劦聲郎計切 蒙 王女也从艸冡聲莫紅切 藻 水艸也从艸从水巢聲詩曰于以采藻子晧切 薻 藻或从澡 菉 王芻也从艸彔聲詩曰菉竹猗猗力玉切 蓸 艸也从艸曹聲昨牢切 ⿱艹逌 艸也从艸逌聲以周切 菬 艸也从艸沼聲昨焦切 䓊 艸也从艸吾聲楚詞有䓊蕭艸吾乎切 范 艸也从艸氾聲房㕦切 艿 艸也从艸乃聲如乘切 ⿱艹血 艸也从艸血聲呼決切 萄 艸也从艸匋聲徒刀切 芑 白苗嘉穀从艸己聲驅里切 藚 水舄也从艸賣聲詩曰言采其藚似足切 苳 艸也从艸冬聲都宗切 薔 薔虞蓼从艸嗇聲所力切 苕 艸也从艸召聲徒聊切 ⿱艹楙 艸也从艸楙聲莫厚切 ⿱艹冒 艸也从艸冒聲莫報切 茆 鳧葵也从艸丣聲詩曰言采其茆力久切 荼

蒤孫本作荼是也
繁當作緐孫本亦誤
蓬篆譌當作[illegible]孫本亦誤

苦蒤也从艸余聲同都切臣鉉等曰此即今之荼字 蘩 白蒿也从艸緐聲附袁切 蒿 菣也从艸高聲呼毛切 蓬 蒿也从艸逢聲薄紅切 𦺇 籀文蓬省 藜 艸也从艸黎聲郎奚切 蘬 薺實也从艸歸聲驅歸切 葆 艸盛皃从艸保聲博褎切 蕃 艸茂也从艸番聲甫煩切 茸 艸茸茸皃从艸聰省聲而容切 葏 艸皃从艸津聲子僊切 叢 艸叢生皃从艸叢聲徂紅切 草 草斗櫟實也一曰象斗子从艸早聲自保切臣鉉等曰今俗以此爲艸木之艸別作皁字爲黑色之皁案櫟實可以染帛爲黑色故曰草通用爲草棧字今俗書皁或从白从十或从白从七皆無意義無以下筆 菆 麻蒸也从艸取聲一曰蓐也側鳩切 蓄 積也从艸畜聲丑六切 萅 推也从艸从日艸春時生也屯聲昌純切 菰 艸多皃从艸狐聲江夏平春有菰亭古狐切 菿 艸木倒从艸到聲都盜切

文四百四十五　重三十一

芙 芙蓉也从艸夫聲方無切 蓉 芙蓉也从艸容聲余封切 薳 艸也左氏傳楚大夫薳子馮从艸遠聲韋委切 荀 艸也从艸旬聲臣鉉等案今人姓荀氏本郇侯之後宜用郇字相倫切 莋 越巂縣名見史記从艸作聲在各切

蔬篆譌當作𦽳孫本不譌
許直切孫本作所菹切
迥孫本作迵是也

蓀香艸也从艸孫聲思渾切　蔬菜也从艸疏聲許直切　芊艸盛也从艸千聲倉先切　茗荼芽也从艸名聲莫迥切　薌穀气也从艸鄉聲許良切　藏匿也臣鉉等案漢書通用臧字从艸後人所加昨郎切　蕆左氏傳以蕆陳事杜預注云蕆敕也从艸未詳丑善切　蘸以物沒水也此蓋俗語从艸未詳斬陷切

文十三　新附

蓐陳艸復生也从艸辱聲一曰蔟也凡蓐之屬皆从蓐　而蜀切　蓐籀文蓐从茻　薅拔去田艸也从蓐好省聲呼毛切　薅籀文薅省　茠薅或从休詩曰既茠荼蓼

文二　重三

茻眾艸也从四屮凡茻之屬皆从茻讀與冈同　模朗切

大孫本作犬是也
菟孫本同應作莬

莫 日且冥也从日在茻中莫故切又慕各切

莽 南昌謂犬善逐菟艸中爲莽从犬从茻茻亦聲謀朗切

葬 藏也从死在茻中一其中所以薦之易曰古之葬者厚衣之以薪則浪切

文四

說文解字第一下

此葉醉經軒蔡氏用士礼居所藏北宋小字本影鈔補

二下據本有上字是也

說文解字第二

漢太尉祭酒許慎記

銀青光祿大夫守右散騎常侍上柱國東海縣開國子食邑五百戶臣徐鉉等奉

勑校定

三十部　六百九十三文　重八十八

凡八千四百九十八字

文三十四新附

小　物之微也从八丨見而分之凡小之屬皆从小　私兆切

少　不多也从小丿聲　書沼切

尐　少也从小乀聲讀若輟　子結切

文三

八　別也象分別相背之形凡八之屬皆从八　博拔切

分　別也从八从刀刀以分別物也　甫文切

尒　詞之必然也从入丨八八象气之分散　兒氏切

曾　詞之舒也从八从日㓁聲　昨稜切

戶孫本作戶是也

尚 曾也庶幾也从八向聲 時亮切

㒸 从意也从八豕聲 徐醉切

詹 多言也从言从八从厃 臣鉉等曰厃高也八分也多故可分也 職廉切

介 畫也从八从人人各有介 古拜切

㕣 分也从重八八别也亦聲孝經說曰故上下有别 兵列切

公 平分也从八从厶音司八猶背也韓非曰背厶爲公 古紅切

必 分極也从八弋弋亦聲 卑吉切

余 語之舒也从八舍省聲 以諸切

𠎳 二余也讀與余同

文十二　重一

釆 辨别也象獸指爪分别也凡釆之屬皆从釆讀若辨 蒲莧切

𠬡 古文釆

番 獸足謂之番从釆田象其掌 附袁切

蹞 番或从足从煩

𢇷 古文番

寀 悉也知寀諦也从宀从釆 徐鍇曰宀覆也釆别也包覆而深别之寀悉也 式荏切

審 篆文寀从番

悉 詳盡也从心从釆 息七切

𢙉 古文悉

釋 解也从釆釆取其分别物也从釆睪聲 賞職切

文五　重五

半 物中分也从八从牛牛爲物大可以分也凡

雈孫本作雈是也

匕孫本作匕是也

半之屬皆从半 博幔切

胖 半體肉也一曰廣肉从半从肉半亦聲 普半切 叛 半也从半反聲 薄半切 文三

牛 大牲也牛件也件事理也象角頭三封尾之形凡牛之屬皆从牛 徐鍇曰件若言物一件二件也封高起也 語求切

牡 畜父也从牛土聲 莫厚切 犅 特牛也从牛岡聲 古郎切 特 朴特牛父也从牛寺聲 徒得切 牝 畜母也从牛匕聲易曰畜牝牛吉 毗忍切 犢 牛子也从牛瀆省聲 徒谷切 犻 二歲牛从牛市聲 博蓋切 犙 三歲牛从牛參聲 穌含切 牭 四歲牛从牛从四四亦聲 息利切 𤛓 籀文牭从貳 犗 騬牛也从牛害聲 古拜切 牻 白黑雜毛牛从牛尨聲 莫江切 㹀 牻㹀也从牛京聲春秋傳曰牻㹀 呂張切 𤛫 牛白脊也从牛厲聲 洛帶切 𤚔 黃牛虎文从牛余聲讀若塗 同都切 犖 駁牛也从牛勞省聲 呂角切 𤙷 牛白脊也从牛寽聲 力輟切 抨 牛駁如星从牛平聲 普耕切 犥 牛黃白色从牛麃聲 補嬌切 犉 黃牛黑脣也从牛𦎧聲詩曰九十其犉 如均切 㸰 白牛也从牛隺聲 五角切 𤛱 牛長脊也从牛

畺聲居良切

⿰牛叏 牛徐行也从牛叏聲讀若滔土刀切

犨 牛息聲从牛雔聲一曰牛名赤周切

牟 牛鳴也从牛象其聲气从口出莫浮切

⿰牛產 畜牲也从牛產聲所簡切

牲 牛完全从牛生聲所庚切

牷 牛純色从牛全聲疾緣切

牽 引前也从牛象引牛之縻也玄聲苦堅切

牿 牛馬牢也从牛告聲周書曰今惟牿牛馬古屋切

牢 閑養牛馬圈也从牛冬省取其四周帀也魯刀切

犓 以芻莖養牛也从牛芻芻亦聲春秋國語曰犓豢幾何側愚切

犪 牛柔謹也从牛夒聲而沼切

犕 易曰犕牛乘馬从牛葡聲平祕切

犂 耕也从牛黎聲郎奚切

⿱非牛 兩壁耕也从牛非聲一曰覆耕種也讀若匪非尾切

⿰牛𠷎 牛羊無子也从牛𠷎聲讀若糗糧之糗徒刀切

牴 觸也从牛氐聲都礼切

⿱衛牛 牛踶衛也从牛衛聲于歲切

⿱臤牛 牛很不從引也从牛从臤臤亦聲一曰大皃讀若賢喫善切

牼 牛厀下骨也从牛巠聲春秋傳曰宋司馬牼字牛口莖切

⿰牛今 牛舌病也从牛今聲巨禁切

犀 南徼外牛一角在鼻一角在頂似豕从牛尾聲先稽切

牣 牣滿也从牛刃聲詩曰於牣魚躍而震切

物 萬物也牛爲大物天地之數起於牽牛故从牛勿聲文弗切

犧 宗廟之牲也从牛羲聲賈侍中說此非古字許羈切

文四十五 重一

犍 犗牛也从牛建聲亦郡名居言切 犝 無角牛也从牛童聲古通用僮徒紅切

文二 新附

犛 西南夷長髦牛也从牛𠩺聲凡犛之屬皆从犛莫交切

氂 犛牛尾也从犛省从毛里之切 斄 彊曲毛可以箸起衣从犛省來聲洛哀切 𤛏 古文斄省

文三　重一

告 牛觸人角箸橫木所以告人也从口从牛易曰僮牛之告凡告之屬皆从告古奥切

嚳 急告之甚也从告學省聲苦沃切

文二

口 人所以言食也象形凡口之屬皆从口苦后切

噭 吼也从口敫聲一曰噭呼也古弔切 噣 喙也从口蜀聲陟救切 喙 口也从口彖聲許穢切 吻 口邊也从口勿聲武粉切

脣篆譌當作脗孫本不誤
以孫本作从是也
見孫本作兒是也
疑孫本作岐是也
察孫本作祭
齊孫本作嚌是也
刷孫本作㕞

脗 吻或从肉以昏
嚨 喉也从口龍聲虛紅切
喉 咽也从口侯聲乎鉤切
噲 咽也从口會聲讀若快一曰嚵噲也苦夬切
吞 咽也从口天聲土根切
咽 嗌也从口因聲烏前切
嗌 咽也从口益聲伊昔切
𦏧 籀文嗌上象口下象頸脈理也
喗 大口也从口軍聲牛殞切
哆 張口也从口多聲丁可切
呱 小兒嗁聲从口瓜聲詩曰后稷呱矣古乎切
啾 小兒聲也从口秋聲即由切
喤 小兒聲从口皇聲詩曰其泣喤喤乎光切
咺 朝鮮謂見泣不止曰咺从口宣省聲況晚切
唴 秦晉謂見泣不止曰唴从口羌聲丘尚切
咷 楚謂見泣不止曰噭咷从口兆聲徒刀切
喑 宋齊謂見泣不止曰喑从口音聲於今切
嶷 小兒有知也从口疑聲詩曰克疑克嶷魚力切
咳 小兒笑也从口亥聲戶來切
孩 古文咳从子
嗛 口有所銜也从口兼聲戶監切
咀 含味也从口且聲慈呂切
啜 嘗也从口叕聲一曰喙也昌說切
㗱 噍也从口集聲讀若集子入切
嚌 嘗也从口齊聲周書曰大保受同察齊在詣切
噍 齧也从口焦聲才肖切
嚼 噍或从爵又才爵切
吮 敕也从口允聲徂沇切
⿰口率 小歠也从口率聲讀若刷所劣切
嚵 小啐也从口毚聲一曰喙也士咸切
噬 啗也喙也从口筮聲時制切
啗 食也从口臽聲讀與含同徒濫切
嘰 小食也从口幾聲居衣切
⿰口尃 噍皃从口尃聲補各切
含 嗛也从口今聲胡男切
哺 哺咀也从口甫聲薄故切
味 滋味也从

于當作干孫本亦誤

大孫本作犬是也

野人言之毛本作野人之言是也孫本亦誤

口未聲嚛食辛嚛也从口樂聲火沃切⿰口竅口滿食从口
竅聲丁滑切噫飽食息也从口意聲於介切嘽
喘息也一曰喜也从口單聲唾口液也从口𠌶
詩曰嘽嘽駱馬他干切唾聲湯臥切涶唾或从水咦南陽謂大
呼曰咦从口夷聲呬東夷謂息爲呬从口四聲喘疾息也从口耑
以之切呬詩曰大夷呬矣虛器切喘聲昌沇切呼外息也从
口乎聲荒烏切吸內息也从口及聲許及切噓吹也从口虛
聲朽居切吹噓也从口从欠昌垂切喟大息也从口
胃聲丘貴切嘳喟或从貴啍口气也从口𦎫聲詩
曰大車啍啍他昆切嚏悟解气也从口疐聲詩曰願言則嚏都計切𠯑野人
言之从口質聲之日切唫口急也从口金聲巨錦切又牛音切噤口閉也从口禁
聲巨禁切名自命也从口从夕夕者冥也冥不相見
故以口自名武并切吾我自稱也从口五聲五乎切哲知也从口折
聲陟列切悊哲或从心嚞古文哲从三吉君
尊也从尹發號故从口舉云切𠱱古文象君坐形命使也从口从
令眉病切咨謀事曰咨从口次聲即夷切召評也从口刀聲
直少切問訊也从口門聲亡運切唯諾也从口隹聲以水切唱導也从口昌聲尺亮切和相譍也从口禾聲戶戈
切咥大笑也从口至聲詩曰咥其笑矣許旣切又直結切啞笑也从口亞聲易曰笑言啞啞於革切噱大笑也从口豦聲其虐切

不孫本作才是也

幡幡孫本作幡幡是也

烏孫本作烏是也

白部𠷎田下云詞也从白𠷎聲𠷎與疇同卷四目次七縣小徐本要古文疇三字

唏笑也从口稀省聲一曰哀痛不泣曰唏虛豈切　听笑皃从口斤聲宜引切　呭多言也从口世聲詩曰無然呭呭余制切
嘄聲嘄嘄也从口梟聲古堯切　咄相謂也从口出聲當沒切　唉譍也从口矣聲讀若埃烏開切　哉言之閒也从口𢦏聲祖不
切　噂聚語也从口尊聲詩曰噂沓背憎子損切　咠聶語也从口从耳詩曰咠咠幡幡七入切　呷吸呷也从口甲聲呼甲切　嘒
小聲也从口彗聲詩曰嘒彼小星呼惠切　𡁏嘒或从慧　嘫語聲也从口然聲如延切　唪大笑也从口奉聲讀若詩曰瓜瓞菶菶方
蠓切　嗔盛气也从口眞聲詩曰振旅嗔嗔待年切　嘌疾也从口𡕐聲詩曰匪車嘌兮撫招切　嘑號也从口虖聲荒烏切　喅
音聲喅喅然从口昱聲余六切　嘯吹聲也从口肅聲穌弔切　歗籒文嘯从欠　台說也从口㠯聲与之切　嗂喜也
从口䍃聲余招切　启開也从戶从口康禮切　嗿聲也从口貪聲詩曰有嗿其饁他感切　咸皆也悉也从口从戌戌悉也胡監切
呈平也从口王聲直貞切　右助也从口从又徐鍇曰言不足以左復手助之于救切　啻語時不啻也从口帝聲一曰啻諟也讀若鞮施智
切　吉善也从士口居質切　周密也从用口職留切　𠱡古文周字从古文及　唐大言也从口庚聲徒郎切
𡉁古文唐从口昜　𠷎誰也从口𠷎又聲𠷎古文疇直由切　嘾含深也从口覃聲徒感切　噎飯窒也从口壹聲烏結切

苗氏說文聲訂云大非聲當作从口又𠷎聲　宋氏直例云聲當从口𠷎省聲　說文校議云廣韻十八尤引此作𠷎又作𠷎𠷎則𠷎為正體𠷎為重文前从口𠷎聲後从又

合孫本作杏是也

于孫本均作亏是也

子孫本作予是也

嗢 咽也从口𥁕聲烏沒切 哯 不歐而吐也从口見聲胡典切 吐 寫也从口土聲他魯切 噦 气啎也从口歲聲於月切 咈 違也从口弗聲周書曰咈其耇長符弗切 嚘 語未定皃从口𢙣聲於求切 吃 言蹇難也从口气聲居乙切 嗜 嗜欲喜之也从口耆聲常利切 啖 噍啖也从口炎聲一曰噉徒敢切 哽 語爲舌所介也从口更聲讀若井級綆古合切 嘐 誇語也从口翏聲古肴切 啁 啁嘐也从口周聲陟交切 哇 諂聲也从口圭聲讀若醫於佳切 ⿱辛口 語相訶歫也从口歫辛辛惡聲也讀櫱五葛切 吺 讘吺多言也从口投省聲當侯切 呧 苛也从口氐聲都礼切 呰 苛也从口此聲將此切 嗻 遮也从口庶聲之夜切 唊 妄語也从口夾聲讀若莢古叶切 嗑 多言也从口盍聲讀若甲候榼切 嗙 謌聲嗙喻也从口旁聲司馬相如說淮南宋蔡舞嗙喻也補盲切 噧 高气多言也从口蠆省聲春秋傳曰噧言訶介切 叴 高气也从口九聲臨淮有叴猶縣巨鳩切 嘮 嘮呶讙也从口勞聲敕交切 呶 讙聲也从口奴聲詩曰載號載呶女交切 叱 訶也从口七聲昌栗切 噴 吒也从口賁聲一曰鼓鼻普魂切 吒 噴也叱怒也从口乇聲陟駕切 噊 危也从口矞聲余律切 啐 驚也从口卒聲七外切 唇 驚也从口辰聲側鄰切 吁 驚也从口于聲況于切 嘵 懼也从口堯聲詩曰唯子音之嘵嘵許幺切 嘖 大呼也从口責

說文二上 五

朁孫本作噆是也

淑孫本作㖮是也

聲士革切𧦧嘖或从言嗷衆口愁也从口敖聲詩曰哀鳴嗷嗷五牢切唸呎也从口念聲詩曰民之方唸吚都見切吚

唸吚呻也从口尸聲馨伊切㘖呻也从口嚴聲五銜切呻吟也从口申聲失人切吟呻也从口今聲魚音切䪩或

从音訡或从言嗞嗟也从口茲聲子之切哤哤異之言从口尨聲一曰雜語讀若尨莫江切叫嘑也从口丩聲古弔切

嘅嘆也从口既聲詩曰嘅其嘆矣苦蓋切唌語唌嘆也从口延聲夕連切嘆吞歎也从口歎省聲一曰太息也他案切喝

㵣也从口曷聲於介切哨不容也从口肖聲才肖切吪動也从口化聲詩曰尚寐無吪五禾切噆嗛也从口朁聲子荅切吝

恨惜也从口文聲易曰以往吝臣鉉等曰今俗別作悋非是良刃切𠳄古文吝从彣各異辭也从口夂夂者有行而止之不

相聽也古洛切否不也从口从不方九切唁弔生也从口言聲詩曰歸唁衛侯魚變切哀閔也从口衣聲烏開切

嗁號也从口虒聲杜兮切㱿歐皃从口㱿聲春秋傳曰君將㱿之許角切咼口戾不正也从口冎聲苦媧切㖮淑嗼也

从口叔聲前歷切嗼淑嗼也从口莫聲莫各切𠯑塞口也从口氒省聲氒音厥古活切𠰗古文𠯑从甘嗾使犬聲从

口族聲春秋傳曰公嗾夫獒穌奏切吠犬鳴也从犬口符廢切咆嘷也从口包聲薄交切嘷咆也从口皋聲乎刀切獋

呼許切孫本作呼訝切亦誤五音韻譜作呼訝切當據正參段氏汲古閣說文訂

聲孫本作擊是也

蚩孫本作蚩是也

譚長說嗥从犬　喈鳥鳴聲从口皆聲一曰鳳皇鳴聲喈喈古諧切　哮豕驚聲也从口孝聲許交切　喔雞聲也从口屋聲於角切　呝喔也从口戹聲烏格切　咮鳥口也从口朱聲章俱切　嚶鳥鳴也从口嬰聲烏莖切　啄鳥食也从口豕聲竹角切　唬嗁聲也一曰虎聲从口从虎讀若暠呼許切　呦鹿鳴聲也从口幼聲伊虬切　𠯜呦或从欠　噳麋鹿群口相聚皃从口虞聲詩曰麀鹿噳噳魚矩切　喁魚口上見从口禺聲魚容切　局促也从口在尺下復局之一曰博所以行棊象形徐鍇曰人之無涯者唯口故口在尺下則爲局博局外有垠堮周限也渠綠切　台山間陷泥地从口从水敗皃讀若沇州之沇九州之渥地也故以沇名焉以轉切　𠔿古文台

文一百八十　重二十一

哦吟也从口我聲五何切　嗃嗃嗃嚴酷皃从口高聲呼各切　售賣去手也从口雔省聲詩曰賈用不售承臭切　噞噞喁魚口上見也从口僉聲魚檢切　唳鶴鳴也从口戾聲郎計切　喫食也从口契聲苦擊切　喚呼也从口奐聲古通用奐呼貫切　咍蚩笑也从口从台呼來切　嘲謔也从口朝聲漢書通用周陟交切　呀張口皃从口牙聲許加切

文十　新附

窒當作窒段氏汲古閣說文訂云二宋本葉本作窒毛本从之非也趙本及五音韻譜類篇集韻皆作窒不誤

嚴孫本作厰是也

校孫本作杴是也

天孫本作夭是也

凵 張口也象形凡凵之屬皆从凵 口犯切

文一

吅 驚嘑也从二口凡吅之屬皆从吅讀若讙 臣鉉等曰或通用讙今俗別作喧非是 况袁切

𤕦 亂也从爻工交吅一曰窒𤕦讀若禳 徐鍇曰二口噂沓也爻物相交質也工人所作也已象交構形 女庚切 𤕦 籀文𤕦

嚴 教命急也从吅厰聲 語校切 嚴 古文

咢 譁訟也从吅屰聲 五各切

單 大也从吅甲吅亦聲闕 都寒切

喌 呼雞重言之从吅州聲讀若祝 之六切

文六 重二

哭 哀聲也从吅獄省聲凡哭之屬皆从哭 苦屋切

喪 亾也从哭从亾會意亾亦聲 息郎切

文二

走 趨也从天止天止者屈也凡走之屬皆从走 徐鍇曰走則足屈故从天 子苟切

撟孫本作鐈

从當作切孫本亦誤

⿺走匠篆譌當作⿺走匠孫本不誤

⿺走臱篆譌當作⿺走臱孫本不譌

子毛本作于是也孫本亦誤

趨走也从走芻聲七逾切　赴趨也从走仆省聲臣鉉等曰春秋傳赴告用此字今俗作訃非是芳遇切　趣疾也从走取聲七句切　超跳也从走召聲敕宵切　趫善緣木走之才从走喬聲讀若王子蹻去囂切　赳輕勁有才力也从走丩聲讀若鐈居黝切　⿺走支緣大木也一曰行皃从走支聲巨之切　趮疾也从走喿聲臣鉉等曰今俗別作躁非是則到切　趯踊也从走翟聲以灼切　⿺走厥蹶也从走厥聲居月切　越度也从走戉聲王伐切　趁𨘢也从走㐱聲讀若塵丑刃切　⿺走亶趁也从走亶聲張連切　趞趞趞也一曰行皃从走昔聲七雀切　趬行輕皃一曰趬舉足也从走堯聲牽遙切　⿺走弦急走也从走弦聲胡田切　趀蒼卒也从走朿聲讀若資取私切　⿺走票輕行也从走票聲撫招切　⿺走臤行皃从走臤聲讀若菣弃忍切　⿺走酋行皃从走酋聲千牛从　⿺走蜀行皃从走蜀聲讀若燭之欲切　⿺走匠行皃从走匠聲讀若匠疾亮切　⿺走叡走皃从走叡聲讀若紃臣鉉等以爲叡聲遠疑从睿祥遵切　⿺走薊走意从走薊聲讀若髽結之結古屑切　⿺走困走意从走困聲丘忿切　趖走意从走坐聲蘇和切　⿺走憲走意从走憲聲許建切　⿺走臱走意从走臱聲布賢切　⿺走戴走也从走戴聲讀若詩威儀秩秩直質切　⿺走有走也从走有聲讀若又子救切　⿺走烏走輕也从走烏聲讀若鄔安古切　⿺走瞿走顧皃从走瞿聲讀若劬其俱切　⿺走蹇走皃从走蹇聲

犖孫本作煢是也

件孫本作仲

讀孫本作讙是也

趨玉篇引作趍毛本同

聲也華切

⿺走才 疑之等趍而去也从走才聲倉才切

⿺走此 淺渡也从走此聲雌氏切

赹 獨行也从走勻聲讀若犖渠營切

⿺走與 安行也从走與聲余呂切

起 能立也从走已聲墟里切

⿺辵已 古文起从辵

⿺走里 留意也从走里聲讀若小兒孩戶來切

⿺走臭 行也从走臭聲香件切

⿺走金 低頭疾行也从走金聲牛錦切

趌 趌趨怒走也从走吉聲去吉切

⿺走曷 趌趨也从走曷聲居謁切

⿺走睘 疾也从走睘聲讀若讀況袁切

⿺走乞 直行也从走乞聲魚訖切

⿺走翼 趨進⿺走翼如也从走翼聲与職切

赽 踶也从走決省聲古穴切

趩 行聲也一曰不行皃从走異聲讀若敕丑亦切

趆 趨也从走氐聲都礼切

趍 趨趙夂也从走多聲直离切

趙 趨趙也从走肖聲治小切

赾 行難也从走斤聲讀若堇丘堇切

⿺走夐 走意也从走夐聲讀若繘居聿切

趠 遠也从走卓聲敕角切

⿺走龠 趠⿺走龠也从走龠聲以灼切

⿺走瞿 大步也从走瞿聲丘縛切

⿺走契 超特也从走契聲丑例切

⿺走幾 走也从走幾聲居衣切

⿺走𣎵 走也从走𣎵聲敷勿切

⿺走矞 狂走也从走矞聲余律切

⿺走曼 行遲也从走曼聲莫還切

趉 走也从走出聲讀若無尾之屈瞿勿切

趜 窮也从走匊聲居六切

赼 赼趄行不進也从走次聲取私切

趄 赼趄也从走且聲七余切

⿺走虔 蹇行⿺走虔⿺走虔也从走虔聲讀若愆去虔切

⿺走雚 行⿺走雚趢也一曰行曲脊皃从走雚聲巨員切

趢 趢趗也从走录聲力玉切

趗 行趗趢也

令孫本作今是也

从當作从𠂤孫本亦誤

从走夋聲七倫切

趚側行也从走朿聲詩曰謂地蓋厚不敢不趚資昔切

趌半步也从走圭聲讀若跬同丘弭切

⿺走虒[illegible][illegible]輕薄也从走虒聲讀若池直离切

⿺走音僵也从走音聲讀若匐朋北切

⿺走厈距也从走厈省聲漢令曰趆張百人車者切

⿺走樂動也从走樂聲讀若春秋傳曰輔趮郎擊切

趡動也从走隹聲春秋傳曰盟于趡趡地名千水切

⿺走亘趄田易居也从走亘聲羽元切

⿺走顛走頓也从走眞聲讀若顛都年切

⿺走甬喪辟踊从走甬聲余隴切

⿺走畢止行也一曰竈上祭名从走畢聲卑吉切

⿺走斬進也从走斬聲藏監切

趧趧婁四夷之舞各自有曲从走是聲都兮切

趒雀行也从走兆聲徒遼切

赶舉尾走也从走干聲巨言切

文八十五　重一

止下基也象艸木出有址故以止爲足凡止之屬皆从止諸市切

歱跟也从止重聲之隴切

⿱尚止歫也从止尚聲丑庚切

歭踞也从止寺聲直离切

歫止也从止巨聲一曰搶也一曰超歫其呂切

歬不行而進謂之歬从止在舟上昨先切

歷過也从止厤聲郎擊切

⿰止叔至也从止叔聲昌六切

⿱辟止人不能行也从止辟聲必益切

歸女嫁也从止从婦省𠂤聲舉韋切

⿰止帚籒文省

疌疾也从止从又又手也屮聲疾葉切

⿱疌止機下

少孫本作少是也

相孫本作相是也

足所履者从止从又入聲尼輒切

𣥂蹈也从反止讀若撻他達切　歰不滑也从四止色立切

文十四　重一

癶足剌癶也从止𣥂凡癶之屬皆从癶讀若撥北末切

登上車也从癶豆象登車形都滕切　𤼲籀文登从𠬞

癹以足蹋夷艸从癶从殳春秋傳曰癹夷蘊崇之普活切

文三　重一

步行也从止𣥂相背凡步之屬皆从步薄故切

歲木星也越歷二十八宿宣徧陰陽十二月一次从步戌聲律歷書名五星爲五步相銳切

文二

此止也从止从匕匕相比次也凡此之屬皆从此雌氏切

啙窳也闕將此切　𣦵識也从此朿聲一曰藏也遵誄切

文三

些語辭也見楚辭从此从二其義未詳蘇箇切

文一　新附

說文解字弟二上

此三字不應另起行

說文解字第二下　漢太尉祭酒許慎記

銀青光祿大夫守右散騎常侍上柱國東海縣開國子食邑五百戶臣徐鉉等奉

勅校定

正 是也从止一以止凡正之屬皆从正 徐鍇曰守一以止也之盛切

𤴓 古文正从二二古上字 𫝀 古文正从一足足者亦止也 乏 春秋傳曰反正為乏房法切　文二　重二

是 直也从日正凡是之屬皆从是 承旨切

昰 籀文是从古文正 韙 是也从是韋聲春秋傳曰犯五不韙于鬼切 愇 籀文韙从心 尟 是少也尟俱存也从是少賈侍中說酥典切　文三　重二

辵 乍行乍止也从彳从止凡辵之屬皆从辵讀若春秋公羊傳曰辵階而走 丑略切

𨘢篆譌當作𨘢孫本不誤

迹步處也从辵亦聲資昔切蹟或从足責𨒪籀文迹从朿䢋無違也从辵韋聲讀若害胡蓋切䢔先道

也从辵率聲疏密切邁遠行也从辵蠆省聲莫話切𨘥邁或不省巡延行皃从辵川聲詳遵切𨖶恭謹行也从辵㪅聲

讀若九居又切徒步行也从辵土聲同都切𨘢行𨘢徑也从辵䌛聲以周切延正行也从辵正聲諸盈切征延或从彳

隨从也从辵𡐦省聲旬爲切𨑥行皃从辵市聲蒲撥切迋往也从辵王聲春秋傳曰子無我迋于放切逝往

从辵折聲讀若誓時制切𨑩往也从辵且聲𨑩齊語全徒切徂𨑩或从彳𨓤籀文从虘述循也从辵术聲食聿切

𨗼籀文从秫遵循也从辵尊聲將倫切適之也从辵啻聲適宋魯語施隻切過度也从辵咼聲古禾切遦

習也从辵貫聲工患切𧽓媟𧽓也从辵賣聲徒谷切進登也从辵閵省聲即刃切造就也从辵告聲譚長說造上士也七到切艁

古文造从舟逾𨖍進也从辵俞聲周書曰無敢昬逾羊朱切遝迨也从辵眔聲徒合切迨遝也从辵合聲侯閤切迮

迮迮起也从辵作省聲阻革切𨕁迹𨕁也从辵昔聲倉各切遄往來數也从辵耑聲易曰巳事遄往市緣切速疾也从辵束聲桑谷切

𨔼籀文从欶𧩼古文从欶从言迅疾也从辵卂聲息進切适疾也从辵𠯑聲讀與括同古活切逆迎也从辵

徒 孫本作徙是也

遷古文譌當作𢪃孫本不誤

屰聲關東曰逆關西曰迎宜戟切 迎 逢也从辵卬聲語京切 𨒪 會也从辵交聲古肴切 遇 逢也从辵禺聲牛具切 遘 遇也从辵冓聲古候切 逢 遇也从辵夆省聲符容切 遌 相遇驚也从辵从咢咢亦聲五各切 迪 道也从辵由聲徒歷切 遞 更易也从辵虒聲特計切 通 達也从辵甬聲他紅切 𨑍 迻也从辵止聲斯氏切 徙 𨑍或从彳 𨒚 古文徒 迻 遷徙也从辵多聲弋支切 遷 登也从辵䙴聲七然切 𢪃 古文遷从手西 運 迻徙也从辵軍聲王問切 遁 遷也一曰逃也从辵盾聲徒困切 遜 遁也从辵孫聲蘇困切 返 還也从辵从反反亦聲商書曰祖甲返扶版切 㤓 春秋傳返从彳 還 復也从辵瞏聲戶關切 選 遣也从辵巽巽遣之巽亦聲一曰選擇也思沇切 送 遣也从辵倂省蘇弄切 𨔶 籀文不省 遣 縱也从辵𠂤聲去衍切 邐 行邐邐也从辵麗聲力紙切 逮 唐逮及也从辵隶聲臣鉉等曰或作迨徒耐切 遲 徐行也从辵犀聲詩曰行道遲遲直尼切 𨑑 遲或从𡰱 遟 籀文遲从屖 邌 徐也从辵黎聲郎奚切 遰 去也从辵帶聲徒計切 𨘢 行皃从辵䍚聲烏玄切 𨘹 不行也从辵䚘聲讀若住中句切 逗 止也从辵豆聲田候切 迟 曲行也从辵只聲綺戟切 逶 逶迤衺去之皃从辵委聲於爲切 蟡 或从虫爲 迆 衺行也从辵也聲夏書曰東迆北會于匯移尒切 遹 回避也从辵矞聲余律切

祧孫本作挑

或孫本同毛本作惑

逐篆譌孫本同當作逐

近古文孫本作𡰯

近之古文各本皆作𡰯汗簡亦同此本从人疑誤[illegible]十徐本

[illegible]

避 回也从辵辟聲毗義切 違 離也从辵韋聲羽非切 遴 行難也从辵粦聲易曰以往遴良刃切 僯 或从人 逡 復也从辵夋聲七倫切 𨑹 怒不進也从辵氐聲都礼切 達 行不相遇也从辵羍聲詩曰挑兮達兮徒葛切 达 達或从大或曰迭 逯 行謹逯逯也从辵彔聲盧谷切 迵 迵迭也从辵同聲徒弄切 迭 更迭也从辵失聲一曰达徒結切 迷 或也从辵米聲莫兮切 連 負車也从辵从車力延切 逑 斂聚也从辵求聲虞書曰旁逑孱功又曰怨匹曰逑巨鳩切 䢅 數也从辵貝聲周書曰我興受其䢅薄邁切 逭 逃也从辵官聲胡玩切 𨙙 逭或从雚从兆 遯 逃也从辵从豚徒困切 逋 亾也从辵甫聲博孤切 𨔝 籀文逋从捕 遺 亾也从辵貴聲以追切 遂 亾也从辵㒸聲徐醉切 𨗨 古文遂 逃 亾也从辵兆聲徒刀切 追 逐也从辵𠂤聲陟隹切 逐 追也从辵从豚省徐鍇曰豚走而豕追之會意直六切 逎 迫也从辵酉聲字秋切 遒 逎或从酋 近 附也从辵斤聲渠遴切 𡰯 古文近 邋 擸也从辵巤聲良涉切 迫 近也从辵白聲博陌切 𨗨 近也从辵臸聲人質切 邇 近也从辵爾聲兒氏切 迩 古文邇 遏 微止也从辵曷聲讀若桑蟲之蝎烏割切 遮 遏也从辵庶聲止車切 𨘢 遮遂也从辵羨聲于線切 迣 迾也晉趙曰迣从辵世聲讀若寘征例切 迾 遮也从辵列聲良辥切 迀 進也从辵干聲讀若干古寒切

頡 孫本同韻譜集韻類篇皆作頏

逷 孫本作𨗴 鈕氏校錄與嚴氏校議並云宋本作逷

邍 石鼓原文

⿺辶侃 過也从辵侃聲去虔切
遱 連遱也从辵婁聲洛侯切
⿺辶巿 前頡也从辵巿聲賈侍中說一讀若拾又若郅北末切
迦 迦互令不得行也从辵枷聲徐鍇曰迦互猶犬牙左右相制也古牙切
⿺辶戉 踰也从辵戉聲易曰雜而不越王伐切
逞 通也从辵呈聲楚謂疾行爲逞春秋傳曰何所不逞欲丑郢切
遼 遠也从辵尞聲洛蕭切
遠 遼也从辵袁聲雲阮切 遠 古文
逖 遠也从辵狄聲他歷切 逖 古文逖
迥 遠也从辵同聲戶穎切
逴 遠也从辵卓聲一曰蹇也讀若棹苕之棹臣鉉等案棹苕今無此語未詳敕角切
迂 避也从辵于聲憶俱切
⿺辶𦘔 目進極也从辵𦘔聲子僊切
邍 高平之野人所登从辵备彔闕愚袁切
道 所行道也从辵从𩠐一達謂之道徒皓切
⿺辶𩠐 古文道从𩠐寸
遽 傳也一曰窘也从辵豦聲其倨切
迒 獸迹也从辵亢聲胡郎切
䟘 迒或从足从更
⿺辶弔 至也从辵弔聲都歷切
邊 行垂崖也从辵臱聲布賢切

文一百一十八　重三十一

邂 邂逅不期而遇也从辵解聲胡懈切
逅 邂逅也从辵后聲胡遘切
遑 急也从辵皇聲或从彳胡光切
逼 近也从辵畐聲彼力切
邈 遠也从辵貌聲莫角切
遐 遠也从辵叚聲臣鉉等曰或通用假字胡加切
迄 至也从辵气聲許訖切
迸 散走也从辵并

往古文譌當作𨑛孫本不誤

計孫本作許均誤藤花榭本作詳是也

駁孫本作馺是也

由孫本作也是也

蒱孫本作蒲是也

聲北諍切透跳也過也从辵秀聲他候切邏巡也从辵羅聲郎左切迢迢遰也从辵召聲徒聊切逍逍遙猶翱翔也从辵

肖聲臣鉉等案詩只用消搖此二字字林所加相邀切遙逍遙也又遠也从辵䍃聲余招切

文十三　新附

彳小步也象人脛三屬相連也凡彳之屬皆从彳丑亦切

德升也从彳㥁聲多則切徑步道也从彳巠聲徐鍇曰道不容車故曰步道居正切復往來也从彳复聲房六切𢓊

復也从彳从柔柔亦聲人九切徎徑行也从彳呈聲丑郢切往之也从彳㞷聲于兩切𨑛古文从辵忂行皃从彳瞿聲其

俱切彼往有所加也从彳皮聲補委切徼循也从彳敫聲古堯切循行順也从彳盾聲計遵切彶急行也从彳及

聲居立切𢕌行皃从彳歰聲一曰此與駁同蘇合切微隱行也从彳敚聲春秋傳曰白公其徒微之無非切徥徥徥行皃从彳

是聲爾雅曰徥則也是支切徐安行也从彳余聲似魚切𢓜行平易也从彳夷聲以脂切𢔶使也从彳甹聲普丁切𢔩

使也从彳夆聲讀若螽敷容切㣤迹也从彳戔聲慈衍切徬附行也从彳旁聲蒱浪切徯待也从彳奚聲胡計切蹊

徯或从足待竢也从彳寺聲徒在切㣙行㣙㣙也从彳由聲徒歷切徧帀也从彳扁聲比薦切徦至也从彳叚聲

延孫本作延是也

主孫本作壬是也

古雅切

復却也一曰行遲也从彳从日从夊他内切 衲復或从内 退古文从辵 後遲也从彳幺夊者後也徐鍇曰幺猶繼蹟之也胡口切 𨒥古文後从辵 徲久也从彳犀聲讀若遲杜兮切 很不聽从也一曰行難也一曰盭也从彳皀聲胡懇切

𢕟相迹也从彳重聲之隴切 得行有所得也从彳㝵聲多則切 㝵古文省彳 徛舉脛有渡也从彳奇聲去奇切 徇行示也从彳勻聲司馬法斬以徇詞閏切 律均布也从彳聿聲呂戌切 御使馬也从彳从卸徐鍇曰卸解車馬也或彳或卸皆御者之職牛據切 馭古文御从又从馬 亍步止也从反彳讀若畜丑玉切

文三十七　重七

廴長行也从彳引之凡廴之屬皆从廴余忍切

廷朝中也从廴主聲特丁切 延行也从廴正聲諸盈切 建立朝律也从聿从廴臣鉉等曰聿律省也居萬切

文四

㢟安步㢟㢟也从廴从止凡㢟之屬皆从㢟丑連切

延長行也从延丿聲以然切

文二

行人之步趨也从彳从亍凡行之屬皆从行戶庚切

膀孫本作膎是也

畀孫本作弄是也

晳孫本作晳是也

士孫本作士是也

齗篆譌當作齗孫本不誤

麋孫本作麋並譌當作橜

鳩孫本作鳩是也

虘孫本作虘是也

齵孫本作齵是也

趻孫本作跌

施孫本作遳是也

術邑中道也从行术聲食聿切 街四通道也从行圭聲古膀切 衢四達謂之衢从行瞿聲其俱切 衝通道也从行童

聲春秋傳曰及衝以戈擊之昌容切 衕通街也从行同聲徒畀切 衙迹也从行戔聲才線切 衙行皃从行吾聲魚舉切又音牙

衎行喜皃从行干聲空旱切 衒行且賣也从行从言黄絢切 衒衒或从玄 𧗳將衛也从行率聲所律切 衞宿衞

也从韋帀从行行列衞也于歲切

文十二 重一

齒口齗骨也象口齒之形止聲凡齒之屬皆从齒昌里切

𠕓古文齒字 齗齒本也从齒斤聲語斤切 齔毀齒也男八月生齒八歲而齔女七月生齒七歲而齔从齒从七初堇切 𪘏

齒相值也一曰齧也从齒責聲春秋傳曰晳𪘏士革切 齜齒相齗也一曰開口見齒之皃从齒柴省聲讀若柴仕街切 齘齒相切也从齒介聲胡介

切 齞口張齒見从齒只聲研繭切 䶢齒差也从齒兼聲五銜切 齺齒搚也一曰齰也一曰馬口中麋也从齒芻聲側鳩切 齵

齒不正也从齒禺聲五婁切 齇齬齒也从齒虘聲側加切 齱齵也从齒取聲側鳩切 齹齒參差从齒差聲楚宜切 䶩齒差

趻皃从齒佐聲春秋傳曰鄭有子䶩臣鉉等曰說文無佐字此字當从施傳寫之誤昨何切 齤缺齒也一曰曲齒从齒类聲讀若權巨員切

齳 無齒也。从齒軍聲。魚吻切

齾 缺齒也。从齒獻聲。五鎋切

⿰齒巨 齗腫也。从齒巨聲。區主切

齯 老人齒。从齒兒聲。五雞切

齮 齧也。从齒奇聲。魚綺切

⿰齒出 齚齒也。从齒出聲。仕乙切

齰 齧也。从齒昔聲。側革切

齚 齰或从乍

⿰齒咸 齧也。从齒咸聲。工咸切

齦 齧也。从齒皀聲。康很切

⿰齒干 齒見皃。从齒干聲。五版切

⿰齒卒 齚齒也。从齒卒聲。昨沒切

⿰齒列 齒分骨聲。从齒列聲。讀若剌。盧達切

齩 齧骨也。从齒交聲。五巧切

⿰齒屑 齒差也。从齒屑聲。讀若切。千結切

⿰齒吉 齧堅聲。从齒吉聲。赫鎋切

⿰齒豈 [illegible]可也。从齒豈聲。五來切

齝 吐而噍也。从齒台聲。爾雅曰：牛曰齝。丑之切

齕 齧也。从齒气聲。戶骨切

⿰齒聯 齒見皃。从齒聯聲。力延切

齧 噬也。从齒㓞聲。五結切

齭 齒傷酢也。从齒所聲。讀若楚。創舉切

⿰齒臼 老人齒如臼也。一曰馬八歲齒臼也。从齒从臼，臼亦聲。其久切

齬 齒不相值也。从齒吾聲。魚舉切

齛 羊粻也。从齒世聲。私列切

齸 鹿麋粻。从齒益聲。伊昔切

⿰齒至 齒堅也。从齒至聲。陟栗切

⿰齒骨 齧骨聲。从齒从骨，骨亦聲。戶八切

⿰齒昏 噍聲。从齒昏聲。古活切

⿰齒尃 噍堅也。从齒博省聲。補莫切

文四十四　重二

齡 年也。从齒令聲。臣鉉等案：禮記：夢帝與我九齡。疑通用靈。武王初聞九齡之語，不達其義，乃云西方有九國。若當時有此齡字，則武王豈不達也。蓋後人所加。郎丁切

文一　新附

武避唐諱當是虎字

牙 牡齒也象上下相錯之形凡牙之屬皆从牙 五加切

𤘗 古文牙 𤘓 武牙也从牙从奇奇亦聲 去奇切 𤘕 齒蠹也从牙禹聲 區禹切 齲 𤘕或从齒

文三 重二

足 人之足也在下从止口凡足之屬皆从足 徐鍇曰口象股脛之形 即玉切

蹏 足也从足虒聲 杜兮切 跟 足踵也从足皀聲 古痕切 𧿹 跟或从止 踝 足踝也从足果聲 胡瓦切 跖 足下也从足石聲 之石切 踦 一足也从足奇聲 去奇切 跪 拜也从足危聲 去委切 跽 長跪也从足忌聲 渠几切 踧 行平易也从足叔聲 詩云踧踧周道 子六切 躣 行皃从足瞿聲 其俱切 踖 長脛行也从足昔聲 一曰踧踖 資昔切 踽 疏行皃从足禹聲 詩曰獨行踽踽 區主切 蹡 行皃从足將聲 詩曰管磬蹡蹡 七羊切 𨇾 踐處也从足斷省聲 徒管切 𧿒 趣越皃从足卜聲 芳遇切 踰 越也从足俞聲 羊朱切 𨀖 輕也从足戉聲 王伐切 蹻 舉足行高也从足喬聲 詩曰小子蹻蹻 居勺切 𨁷 疾也長也从足攸聲 式竹切 蹌 動也从足倉聲 七羊切 踊 跳也从足甬聲 余隴切 躋 登也从足齊聲 商書曰予顛躋 祖雞切 躍 迅也从足翟聲 以灼切 跧 蹴也

谷孫本作各

一曰卑也絭也从足全聲莊緣切 蹴 躡也从足就聲七宿切 躡 蹈也从足聶聲尼輒切 跨 渡也从足夸聲苦化切 蹋 踐也从足

昜聲徒盍切 踄 蹈也从足步聲旁各切又音步 蹈 踐也从足舀聲徒到切 躔 踐也从足廛聲直連切 踐 履也从足戔聲

慈衍切 踵 追也从足重聲一曰往來皃之隴切 踔 踶也从足卓聲知教切 蹛 踶也从足帶聲當蓋切 蹩 踶也从足敝聲一曰

跛也蒲結切 踶 躗也从足是聲特計切 躗 衞也从足衞聲于歲切 ⿱執足 ⿱執足足也从足執聲徒叶切 ⿰足氏 觸也从足氏聲承旨

切 蹢 住足也从足適省聲或曰蹢躅賈侍中說足垢也直隻切 躅 蹢躅也从足蜀聲直錄切 踤 觸也从足卒聲一曰駭也一曰蒼踤昨

沒切 蹶 僵也从足厥聲一曰跳也亦讀若橜居月切 蹷 蹶或从闕 跳 蹶也从足兆聲一曰躍也徒遼切 ⿰足辰 動也从足辰聲

側鄰切 ⿰足屠 峙⿰足屠不前也从足屠聲直魚切 ⿰足弗 跳也从足弗聲敷勿切 蹠 楚人謂跳躍曰蹠从足庶聲之石切 ⿰足荅 [illegible]也从足

荅聲他合切 ⿰足䍃 跳也从足䍃聲余招切 趿 進足有所擷取也从足及聲爾雅曰趿謂之擷蘇合切 ⿰足貝 步行獵跋也从足貝聲博

蓋切 躓 跲也从足質聲詩曰載躓其尾陟利切 跲 躓也从足合聲居怯切 跇 述也从足世聲丑例切 蹎 跋也从足真聲都年

切 跋 蹎跋也从足犮聲北末切 蹐 小步也从足脊聲詩曰不敢不蹐資昔切 跌 踼也从足失聲一曰越也徒結切 踼 跌踼也从

瘃孫亦作瘃是也

足昜聲一曰搶也徒郎切

蹲 踞也从足尊聲徂尊切

踞 蹲也从足居聲居御切

跨 踞也从足夸聲苦化切

躩 足躩如也从足矍聲丘縛切

踣 僵也从足咅聲春秋傳曰晉人踣之蒲北切

跛 行不正也从足皮聲一曰足排之讀若彼布火切

蹇 跛也从足寒省聲臣鉉等案易王臣蹇蹇今俗作謇非九輦切

蹁 足不正也从足扁聲一曰拖後足馬讀若苹或曰徧部田切

⿰𧾷夆 脛肉也一曰曲脛也从足夆聲讀若逵渠追切

踒 足跌也从足委聲烏過切

跣 足親地也从足先聲穌典切

跔 天寒足跔也从足句聲其俱切

⿰𧾷困 瘃足也从足困聲苦本切

距 雞距也从足巨聲其呂切

躧 舞履也从足麗聲所綺切

⿰革麗 或从革

⿰𧾷段 足所履也从足段聲乎加切

⿰𧾷非 跀也从足非聲讀若匪扶味切

跀 斷足也从足月聲魚厥切

⿰𧾷兀 跀或从兀

⿰𧾷方 曲脛馬也从足方聲讀與彭同薄庚切

趹 馬行皃从足決省聲古穴切

趼 獸足企也从足幵聲五甸切

路 道也从足从各臣鉉等曰言道路人各有適也洛故切

蹸 轢也从足粦聲良忍切

跂 足多指也从足支聲巨支切

文八十五　重四

蹮 蹁蹮旋行从足䙴聲穌前切

蹭 蹭蹬失道也从足曾聲七鄧切

蹬 蹭蹬也从足登聲徒亘切

蹉 蹉跎失時也从足差聲臣鉉等案經史通用差池此亦後人所加七何切

跎 蹉跎也从足它聲徒何切

蹙 迫也从足戚聲臣鉉等案李善文選注通

蹴字子六切 踸 踸踔行無常皃从足甚聲丑甚切

文七 新附

疋 足也上象腓腸下从止弟子職曰問疋何止古文以爲詩大疋字亦以爲足字或曰胥字一曰疋記也凡疋之屬皆从疋 所菹切

䟽 門戶疏窻也从疋疋亦聲囪象䟽形讀若疏所菹切 𤴡 通也从爻从疋疋亦聲所菹切

文三

品 衆庶也从三口凡品之屬皆从品 丕飲切

喦 多言也从品相連春秋傳曰次于喦北讀與聶同尼輒切 喿 鳥羣鳴也从品在木上穌到切

文三

龠 樂之竹管三孔以和衆聲也从品侖侖理也凡龠之屬皆从龠 以灼切

龡 音律管壎之樂也从龠炊聲昌垂切 䶵 管樂也从龠虒聲直离切 篪 䶵或从竹 龢 調也从龠禾聲讀與

和同戶戈切 龤 樂和龤也从龠皆聲虞書曰八音克龤 戶皆切 文五 重一

冊 符命也諸侯進受於王也象其札一長一短中有二編之形凡冊之屬皆从冊 楚革切

笧 古文冊从竹 嗣 諸侯嗣國也从冊从口司聲 徐鍇曰冊必於廟史讀其冊故从口 祥吏切 孠 古文嗣从子 扁 署也从戶冊戶冊者署門戶之文也 方沔切

文三 重二

說文解字弟二下

乞孫本作气是也

說文解字第三上　漢太尉祭酒許慎記

銀青光祿大夫守右散騎常侍上柱國東海縣開國子食邑五百戶臣徐鉉等奉

敕校定

五十三部　文六百三十　重百四十五

凡八千六百八十四字

文十六新附

㗊　眾口也从四口凡㗊之屬皆从㗊讀若戢 阻立切 又讀若呶

嚚　語聲也从㗊臣聲 語巾切 𡈼 古文嚚 囂　聲也气出頭上从㗊从頁頁首也 許嬌切 𡅃 囂或省 嘂　高聲也一曰大呼也从㗊丩聲春秋公羊傳曰魯昭公嘂然而哭 古弔切 𡅅　呼也从㗊莧聲讀若讙 呼官切 器　皿也象器之口犬所以守

之去冀切　文六　重二

舌　在口所以言也别味也从干从口干亦聲凡舌之屬皆从舌徐鍇曰凡物入口必干於舌故从干食列切

𦧲　歠也从舌沓聲他合切　舓　以舌取食也从舌易聲神旨切　䑙　舓或从也　文三　重一

干　犯也从反入从一凡干之屬皆从干古寒切

𢆉　撖也从干入一爲干入二爲𢆉讀若能言稍甚也如審切　屰　不順也从干下屮屰之也魚戟切　文三

𧮫　口上阿也从口上象其理凡𧮫之屬皆从𧮫其虐切

𠯑　𧮫或如此　臄　或从肉从豦　㖛　舌皃从𧮫省象形他念切　𠧩　古文㖛讀若三年導服之導一曰竹上皮讀若沾一曰讀若誓弼字从此　文二　重二

只　語巳詞也从口象气下引之形凡只之屬皆从只諸氏切

猾孫本作滑是也

𧶜孫本作𧶜

㖶聲也从只甹聲讀若聲呼形切　文二

㕯言之訥也从口从内凡㕯之屬皆从㕯女猾切

矞以錐有所穿也从矛从㕯一曰滿有所出也余律切　商从外知内也从㕯章省聲式陽切　𠻆古文商　𧶜亦古文商　𧶜籀文商　文三　重三

句曲也从口丩聲凡句之屬皆从句古侯切又九遇切

拘止也从句从手句亦聲舉朱切　笱曲竹捕魚笱也从竹从句句亦聲古厚切　鉤曲也从金从句句亦聲古侯切　文四

丩相糾繚也一曰瓜瓠結丩起象形凡丩之屬皆从丩居蚪切

𦰩艸之相丩者从茻从丩丩亦聲居蚪切　糾繩三合也从糸丩居黝切　文三

古故也从十口識前言者也凡古之屬皆从古臣鉉等曰十口

所傳是前言也公戶切 𠪚古文嘏 嘏大遠也从古叚聲古雅切 文二 重一

十數之具也一爲東西丨爲南北則四方中央備矣凡十之屬皆从十是執切

丈十尺也从又持十直兩切 千十百也从十从人此先切 肸響布也从十从𦙍臣鉉等曰𦙍振𦙍也羲乙切 卙斟斟盛也从十从甚汝南名蠶盛曰卙子入切 博大通也从十从尃尃布也補各切 㔹材十人也从十力聲盧則切 廿二十并也古文省人汁切 𠦃詞之𠦃矣从十咠聲秦入切

文九

卅三十并也古文省凡卅之屬皆从卅蘇沓切

世三十年爲一世从卅而曳長之亦取其聲也舒制切

文二

言直言曰言論難曰語从口䇂聲凡言之屬皆从言語軒切

于孫本作于是也

䧹孫本作譍

𧥣繫傳無此篆段謂此乃大徐誤增

諷篆譌當作諷孫本不誤

从孫本作以是也

詻篆譌當作詻孫本不誤

譻 聲也从言賏聲烏莖切 謦 欬也从言殸聲殸籀文磬字去挺切 語 論也从言吾聲魚舉切 談 語也从言炎聲徒甘切 謂 報也从言胃聲于貴切 諒 信也从言京聲力讓切 詵 致言也从言从先先亦聲詩曰螽斯羽詵詵兮所臻切 請 謁也从言青聲七井切 謁 白也从言曷聲於歇切 許 聽也从言午聲虛呂切 諾 䧹也从言若聲奴各切 䧹 以言對也从言雁聲於證切 讎 猶䧹也从言雔聲市流切 諸 辯也从言者聲章魚切 詩 志也从言寺聲書之切 䛈 古文詩省 讖 驗也从言韱聲楚蔭切 諷 誦也从言風聲芳奉切 誦 諷也从言甬聲似用切 讀 誦書也从言賣聲徒谷切 𧥣 快也从言从中於力切 訓 說教也从言川聲許運切 誨 曉教也从言每聲荒內切 譔 專教也从言巽聲此緣切 譬 諭也从言辟聲匹至切 謜 徐語也从言原聲孟子曰故謜謜而來魚怨切 詇 早知也从言央聲於亮切 諭 告也从言俞聲羊戍切 詖 辯論也古文从爲頗字从言皮聲彼義切 諄 告曉之孰也从言𦎫聲讀若庉章倫切 䛐 語諄䛐也从言屖聲直离切 詻 論訟也傳曰詻詻孔子容从言各聲五陌切 誾 和說而諍也从言門聲語巾切 謀 慮難曰謀从言某聲莫浮切 𠔻 古文謀 𧦝 亦古文 謨 議謀也从言莫

東孫本作柬是也

聲虞書曰咎繇謨莫胡切 𧥮 古文謨从口 訪 汎謀曰訪从言方聲敷亮切 諏 聚謀也从言取聲子于切 論

議也从言侖聲盧昆切 議 語也从言義聲宜寄切 訂 平議也从言丁聲他頂切 詳 審議也从言羊聲似羊切

諟 理也从言是聲承旨切 諦 審也从言帝聲都計切 識 常也一曰知也从言戠聲賞職切 訊 問也从言

卂聲思晉切 𦏀 古文訊从鹵 詧 言微親詧也从言察省聲楚八切 謹 愼也从言堇聲居隱切 訒

厚也从言乃聲如乘切 諶 誠諦也从言甚聲詩曰天難諶斯是吟切 信 誠也从人从言會意息晉切 𠉀 古文

从言省 𧦒 古文信 訦 燕代東齊謂信訦从言冘聲是吟切 誠 信也从言成聲氏征切 誡 敕也

从言戒聲古拜切 誋 誡也从言忌聲渠記切 諱 誋也从言韋聲許貴切 誥 告也从言告聲古到切 𧦎

古文誥 詔 告也从言从召召亦聲之紹切 誓 約束也从言折聲時制切 譣 問也从言僉聲周書曰勿以譣人息廉切

詁 訓故言也从言古聲詩曰詁訓公戶切 藹 臣盡力之美从言葛聲詩曰藹藹王多吉士於害切 誎 餔旋促也

从言束聲桑谷切 諝 知也从言胥聲私呂切 証 諫也从言正聲之盛切 諫 証也从言柬聲古晏切 諗

託篆譌當作託孫本不誤

深諫也从言念聲春秋傳曰辛伯諗周桓公式荏切
課 試也从言果聲苦臥切
試 用也从言式聲虞書曰明試以功式吏切
諴 和也从言咸聲周書曰不能諴于小民胡毚切
䚻 徒歌从言肉余招切
詮 具也从言全聲此緣切
訢 喜也从言斤聲許斤切
說 說釋也从言兌一曰談說失爇切又弋雪切
計 會也筭也从言从十古詣切
諧 詥也从言皆聲戶皆切
詥 諧也从言合聲候閤切
調 和也从言周聲徒遼切
話 合會善言也从言𠯑聲傳曰告之話言胡快切
譮 籀文話从會
諈 諈諉纍也从言垂聲竹寘切
諉 纍也从言委聲女恚切
警 戒也从言从敬敬亦聲居影切
謐 靜語也从言𥁑聲一曰無聲也彌必切
謙 敬也从言兼聲苦兼切
誼 人所宜也从言从宜宜亦聲儀寄切
詡 大言也从言羽聲況羽切
諓 善言也从言戔聲一曰謔也慈衍切
誐 嘉善也从言我聲詩曰誐以溢我五何切
詷 共也一曰譀也从言同聲周書曰在夏后之詷徒紅切
設 施陳也从言从殳殳使人也識列切
護 救視也从言蒦聲胡故切
譞 譞慧也从言圜省聲許緣切
誧 大也一曰人相助也从言甫聲讀若逋博孤切
諰 思之意从言从思胥里切
託 寄也从言乇聲他各切
記 疏也从言己聲居吏切
譽 稱也从言與聲羊茹切
譒 敷也从言番聲商書曰王譒告之補過切
謝 辭去也从言䠶聲辭夜切
謳

候孫本同繫傳作迎是也
迓篆譌當作迓孫本不誤
訏孫本作訝是也
詣篆譌當作詣孫本不誤
訒篆譌當作訒孫本不誤

齊歌也从言區聲烏侯切 詠 歌也从言永聲為命切 咏 詠或从口 諍 止也从言爭聲側迸切 評 召也从言乎聲荒烏切 謼 評謼也从言虖聲荒故切 訖 止也从言气聲居迄切 諺 傳言也从言彥聲魚變切 訝 相迎也从言牙聲周禮曰諸侯有卿訝發吾駕切 迓 訝或从辵 詣 候至也从言旨聲五計切 講 和解也从言冓聲古項切 謄 迻書也从言朕聲徒登切 訒 頓也从言刃聲論語曰其言也訒而振切 訥 言難也从言从内内骨切 謯 謯娽也从言虘聲側加切 [illegible] 待也从言伿聲讀若[illegible]食胡禮切 譥 痛呼也从言敫聲古弔切 譊 恚呼也从言堯聲女交切 謍 小聲也从言熒省聲詩曰謍謍青蠅余傾切 諎 大聲也从言昔聲讀若笮壯革切 唶 諎或从口 諛 諂也从言臾聲羊朱切 讇 諛也从言閻聲丑琰切 諂 讇或省 諼 詐也从言爰聲況袁切 謷 不肖人也从言敖聲一曰哭不止悲聲謷謷五牢切 訹 誘也从言术聲思律切 詑 沇州謂欺曰詑从言它聲託何切 謾 欺也从言曼聲母官切 譇 譇拏羞窮也从言奢聲陟加切 [illegible] 慙語也从言作聲鉏駕切 [illegible] 讋讘也从言執聲之涉切 謰 謰謱也从言連聲力延切 謱 謰謱也从言婁聲陟侯切 詒 相欺詒也一曰遺也从言台聲與之切 謲 相怒使也从言參聲倉南切 誑 欺也从言狂聲居況切 譺 騃也从言

訛楊本作訧是也

聲五介切 [illegible] 相誤也从言[illegible]聲古罵切 訕 謗也从言山聲所晏切 譏 誹也从言幾聲居衣切 誣 加也从言巫聲武扶切 誹 謗也从言非聲敷尾切 謗 毀也从言旁聲補浪切 譸 詶也从言壽聲讀若醻周書曰無或譸張爲幻張流切 詶 譸也从言州聲市流切 詛 詶也从言且聲莊助切 䛆 詶也从言由聲直又切 誃 離別也从言多聲讀若論語跢予之足周景王作洛陽誃臺尺氏切 誖 亂也从言孛聲蒲沒切 悖 誖或从心 𧬈 籒文誖从二或 䜌 亂也一曰治也一曰不絕也从言絲呂員切 [古文] 古文䜌 誤 謬也从言吳聲五故切 詿 誤也从言圭聲古賣切 誒 可惡之辭从言矣聲一曰誒然春秋傳曰誒誒出出許其切 譆 痛也从言喜聲火衣切 詯 膽气滿聲在人上从言自聲讀若反目相睞荒內切 謧 謧詍多言也从言离聲呂之切 詍 多言也从言世聲詩曰無然詍詍余制切 訾 不思稱意也从言此聲詩曰翕翕訿訿將此切 謟 往來言也一曰小兒未能正言也一曰祝也从言匋聲大牢切 䛌 謟或从包 䛁 䛁䛁多語也从言冄聲樂浪有䛁邯縣汝閻切 𧮬 語相反𧮬也从言遝聲他合切 誻 𧮬誻也从言沓聲徒合切 詽 諍語詽詽也从言开聲呼堅切 讗 言壯皃一曰數相怒也从言雟聲讀若畫呼麥切 訇 騃言聲从言匀省聲漢中西城有訇鄉又讀若玄虎橫切 [籒文] 籒文不省 謣

言孫本作訆
叕孫本同唐寫本玉篇引作
餟當據正

眼孫本同毛本作很是也

諞 便巧言也从言扁聲周書曰截截善諞言論語曰友諞佞部田切
⿰言頻 四也从言頻聲符眞切
䛐 扣也如求婦先䛐叕之从言从口口亦聲苦后切
⿰言兒 言相說司也从言兒聲女家切
誂 相呼誘也从言兆聲徒了切
譄 加也从言从曾聲作滕切
詄 忘也从言失聲徒結切
諅 忌也从言其聲周書曰上不諅于凶德渠記切
譀 誕也从言敢聲下闞切
⿰言忘 俗譀从忘
誇 譀也从言夸聲苦瓜切
誕 詞誕也从言延聲徒旱切
⿰言𢓊 籀文誕省正
⿰言萬 譀也从言萬聲莫話切
謔 戲也从言虐聲詩曰善戲謔兮虛約切
詪 眼戾也从言艮聲乎懇切
訌 讀也从言工聲詩曰蟊賊內訌戶工切
⿰言貴 中止也从言貴聲司馬法曰師多則人讀讀止也胡對切
⿰言歲 聲也从言歲聲詩曰有⿰言歲其聲呼會切
諣 疾言也从言咼聲呼卦切
⿰言魋 譟也从言魋聲杜回切
譟 擾也从言喿聲蘇到切
訆 大呼也从言丩聲春秋傳曰或訆于宋大廟古弔切
諕 號也从言从虎乎刀切
讙 譁也从言雚聲呼官切
譁 讙也从言華聲呼瓜切
謣 妄言也从言雩聲羽俱切
⿰言荂 謣或从荂
譌 譌言也从言爲聲詩曰民之譌言五禾切
詿 誤也从言佳省聲古賣切
誤 謬也从言吳聲五故切
謬 狂者之妄言也从言翏聲靡幼切
詤 夢言也从言㠩聲呼光切
謈 大呼自冤也从言暴省聲蒲角切
訬 訬擾也一曰訬獪从言少聲讀

毛本曰上有一字

噍孫本作嚼

若毚楚交切 諆 欺也从言其聲去其切 譎 權詐也益梁曰謬欺天下曰譎从言矞聲古穴切 詐 欺也从言乍聲側駕切 訏 詭譌也从言于聲一曰訏𧮫齊楚謂信曰訏况于切 𧫞 咨也一曰痛惜也从言差聲子邪切 讋 失气言一曰不止也从言龖省聲傅毅讀若慴之涉切 [illegible] 籒文讋不省 謵 言謵讋也从言習聲秦入切 𧩧 相毀也从言亞聲一曰畏亞宛古切 䜅 相毀也从言隨省聲雖遂切 [illegible] 嗌也从言闒聲徒盍切 詾 說也从言匈聲許容切 訩 或省 [illegible] 詾或从兇 訟 爭也从言公聲一曰謌訟似用切 [illegible] 古文訟 謓 恚也从言真聲賈侍中說謓笑一曰讀若振昌眞切 讘 多言也从言聶聲河東有狐讘縣之涉切 訶 大言而怒也从言可聲虎何切 [illegible] 訐也从言臣聲讀若指職雉切 訐 面相厈罪相告訐也从言干聲居謁切 訴 告也从言厈省聲論語曰訴子路於季孫臣鉉等曰厈非聲蓋古之字音多与今異如皀亦音香釁亦音門乃亦音仍他皆放此古今失傳不可詳究桑故切 [illegible] 訴或从言朔 愬 訴或从朔心 譖 愬也从言朁聲莊蔭切 讒 譖也从言毚聲士咸切 譴 謫問也从言遣聲去戰切 謫 罰也从言啻聲陟革切 諯 數也一曰相讓也从言耑聲讀若專尺絹切 讓 相責讓从言襄聲人漾切 譙 嬈譊也从言焦聲讀若噍才肖切 誚 古文

貴孫本作責是也

向孫本作冋是也

夾孫本作火是也

氏孫本作氐是也

計孫本作討是也

譙从肖周書曰亦未敢譙公 誎 數諫也从言朿聲七賜切 誶 讓也从言卒聲國語曰誶申胥雖遂切 詰 問也从言

吉聲去吉切 ⿰言望 責望也从言望聲巫放切 詭 貴也从言危聲過委切 證 告也从言登聲諸應切 詘 詰詘也一

曰屈襞从言出聲區勿切 誳 詘或从屈 ⿰言夗 尉也从言夗聲於願切 詗 知處告言之从言向聲朽正切 讂 流言也从

言夐聲夾縣切 詆 苛也一曰訶也从言氏聲都禮切 誰 何也从言隹聲示隹切 諽 飾也一曰更也从言革聲讀若戒

古覈切 讕 怟讕也从言闌聲洛干切 譋 讕或从閒 診 視也从言㐱聲直刃切又之忍切 ⿰言斤 悲聲也从言斯省聲

先稽切 訧 罪也从言尤聲周書曰報以庶訧羽求切 誅 計也从言朱聲陟輸切 討 治也从言从寸他皓切

諳 悉也从言音聲烏含切 讄 禱也累功德以求福論語云讄曰禱尔于上下神祇从言畾省聲力軌切 ⿰言纍 讄或不省

謚 行之迹也从言兮皿闕徐鍇曰兮聲也神至切 誄 謚也从言耒聲力軌切 謑 恥也从言奚聲胡禮切 䜉 謑或从奊

詬 謑詬恥也从言后聲呼寇切 訽 詬或从句 諜 軍中反閒也从言枼聲徒叶切 該 軍中約也从言亥聲

讀若心中滿該古哀切 譯 傳譯四夷之言者从言睪聲羊昔切 訄 迫也从言九聲讀若求巨鳩切 謚 笑皃从言益聲

怟孫本同段氏從古閩說文訂云趙本五音韻譜類篇作抵讕与漢書文三王傳合宋本葉本作怟毛本及集韻作詆皆誤

伊昔切又呼狄切

譶　疾言也从三言讀若沓徒合切

文二百四十五　重三十三

詢　謀也从言旬聲相倫切

讜　直言也从言黨聲多朗切

譜　籍録也从言普聲史記从並博古切

詎　詎猶豈也从言巨聲其呂切

謏　小也誘也从言叜聲禮記曰足以謏聞先鳥切

謎　隱語也从言迷迷亦聲莫計切

誌　記誌也从言志聲職吏切

訣　訣别也一曰法也从言決省聲古穴切

文八　新附

誩　競言也从二言凡誩之屬皆从誩讀若競渠慶切

譱　吉也从誩从羊此與義美同意常衍切

善　篆文譱从言

競　彊語也一曰逐也从誩从二人渠慶切

讟　痛怨也从誩賣聲春秋傳曰民無怨讟徒谷切

文四　重一

音　聲也生於心有節於外謂之音宮商角徵羽聲絲竹金石匏土革木音也从言含一凡音

之屬皆从音 於今切

響 聲也从音鄉聲許兩切 韽 下徹聲从音酓聲恩甘切 韶 虞舜樂也書曰簫韶九成鳳皇來儀从音召聲市招切

章 樂竟爲一章从音从十十數之終也諸良切 竟 樂曲盡爲竟从音从人居慶切 文六

韻 和也从音員聲裴光遠云古與均同未知其審王問切 文一 新附

䇂 辠也从干二二古文上字凡䇂之屬皆从䇂讀若愆張林說 去虔切

童 男有辠曰奴奴曰童女曰妾从䇂重省聲徒紅切 𥪰 籀文童中與竊中同从廿廿以爲古文疾字 妾 有辠女子給事之得接於君者从䇂从女春秋云女爲人妾妾不娉也七接切

文三 重一

丵 叢生艸也象丵嶽相並出也凡丵之屬皆从丵讀若浞 士角切

[illegible]議當作[illegible]據宋本不誤

業 大版也所以飾縣鍾鼓捷業如鋸齒以白畫之象其鉏鋙相承也从丵从巾巾象版詩曰巨業維樅魚怯切 𠍕 古文業

叢 聚也从丵取聲徂紅切

對 譍無方也从丵从口从寸都隊切

對 對或从士漢文帝以為責對而為言多非誠對故去其口以从士也

文四　重二

菐 瀆菐也从丵从廾廾亦聲凡菐之屬皆从菐 臣鉉等曰瀆讀為煩瀆之瀆一本注云丵眾多也兩手奉之是煩瀆也蒲沃切

僕 給事者从人从菐菐亦聲蒲沃切

𦡙 古文从臣

䑑 賦事也从菐从八八分之也八亦聲讀若頒一曰讀若非布還切

文三　重一

廾 竦手也从𠂇从又凡廾之屬皆从廾 居竦切今變隸作廾

𢪏 楊雄說廾从兩手

奉 承也从手从廾丯聲扶隴切

丞 翊也从廾从卪从山山高奉承之義署陵切

奐 取奐也一曰大也从廾敻省臣鉉等曰敻營求也取之義也呼貫切

弇 蓋也从廾从合古南切又一儉切

𢍉 古文弇

睪 引給也从廾睪聲羊益切

𢍁 舉也从廾由聲春秋傳曰晉人或以廣墜楚人𢍁之黃顥說廣車陷楚人為舉之杜林以為騏麟字渠記切

[illegible] 也

說三上

从廾㠯聲虞書曰岳曰异哉羊吏切
玩也从廾持玉盧貢切
兩手盛也从廾𢍚聲余六切
摶飯也从廾釆聲釆古文辦字讀若書卷居券切
持弩拊从廾肉讀若逵臣鉉等曰从肉未詳渠追切
警也从廾持戈以戒不虞居拜切
械也从廾持斤并力之皃補明切
古文兵从人廾干
籒文
愨也从廾龍聲紀庸切
圍棊也从廾亦聲論語曰不有博弈者乎羊益切
共置也从廾从貝省古以貝爲貨其遇切

文十七　重四

引也从反廾凡𠬜之屬皆从𠬜普班切今變隸作大
𠬜或从手从樊
騺不行也从𠬜从棥棥亦聲附袁切
樊也从𠬜䜌聲呂員切

文三　重一

同也从廿廾凡共之屬皆从共渠用切
古文共
給也从共龍聲俱容切

文二　重一

吕 孫本作吕是也

𢍏 分也从廾从畀畀予也凡異之屬皆从異 徐鍇曰將欲與物先分異之也禮曰賜君子小人不同日 羊吏切 戴 分物得增益曰戴从異𢦏聲 都代切 𢦔 籀文戴

文二 重一

舁 共舉也从臼从廾凡舁之屬皆从舁讀若余 以諸切

䙴 升高也从舁囟聲 七然切 𨑒 䙴或从卩 𢀖 古文 與 黨與也从舁从与 余呂切 𢍜 古文與

興 起也从舁从同同力也 虛陵切

文四 重三

𦥑 叉手也从𠂎ヨ凡𦥑之屬皆从𦥑 居玉切

要 身中也象人要自臼之形从臼交省聲 於消切 又於笑切 𡝩 古文要

文二 重一

晨 早昧爽也从臼从辰辰時也辰亦聲丮夕爲𡖍臼辰爲晨皆同意凡晨之屬皆从晨 食鄰切

農 耕也从晨囟聲徐鍇曰囟當从凶乃得聲奴冬切 𦦾 籀文農从林 𨑇 古文農 辳 亦古文農

文二　重三

爨 齊謂之炊爨臼象持甑冂爲竈口廾推林内火凡爨之屬皆从爨七亂切

爨 籀文爨省 䰙 所以枝鬲者从爨省鬲省渠容切 釁 血祭也象祭竈也从爨省从酉酉所以祭也从分分亦聲臣鉉等曰分布也虛振切

文三　重一

說文解字弟三上

說文解字第三下　漢太尉祭酒許慎記

銀青光祿大夫守右散騎常侍上柱國東海縣開國子食邑五百戶臣徐鉉等奉

勅校定

革　獸皮治去其毛革更之象古文革之形凡革之屬皆从革　古覈切

𠦶　古文革从三十三十年為一世而道更也臼聲

鞹　去毛皮也論語曰虎豹之鞹从革郭聲苦郭切

靬　靬乾革也武威有麗靬縣从革干聲苦旰切

䩹　生革可以為縷束也从革各聲盧各切

鞄　柔革工也从革包聲讀若朴周禮曰柔皮之工鮑氏鞄即鮑也蒲角切

韗　攻皮治鼓工也从革軍聲讀若運王問切

𩏁　韗或从韋

鞣　耎也从革从柔柔亦聲耳由切

靼　柔革也从革从旦聲旨熱切

𩏂　古文靼从亶

鞼　韋繡也从革貴聲求位切

鞶　大帶也易曰或錫之鞶帶男子帶鞶婦人帶絲从革般聲薄官切

鞏　以韋束也易曰鞏用黃牛之革从革巩聲居竦切

鞔　履空也从革免聲徐鍇曰履空猶言履殼也

靴孫本作䩕是也

鞔孫本作⿰革冤是也
杼孫本作抒是也

篹孫本同按攷篹繫傳
作暴

母官切 靸 小兒履也从革及聲讀若沓穌合切 䩕 靴角鞮屬从革卬聲五岡切 鞮 革履也从革是聲都兮切 䩛
鞮鞻沙也从革从夾夾亦聲古洽切 ⿰革徙 鞮屬从革徙聲所綺切 鞵 革生鞮也从革奚聲戶佳切 靪 補履下也从革丁聲
當經切 鞠 蹋鞠也从革匊聲居六切 ⿰革𥷚 鞠或从𥷚 鞀 鞀遼也从革召聲徒刀切 鞉 鞀或从兆 鼗 鞀或从鼓
从兆 𩏈 籀文鞀从殸召 ⿰革冤 量物之鞔一曰杼井鞔古以革从革冤聲於袁切 ⿰革宛 鞔或从宛 鞞 刀室也从革卑聲并頂切
鞎 車革前曰鞎从革艮聲戶恩切 鞃 車軾也从革弘聲詩曰鞹鞃淺幭讀若穹丘弘切 鞪 車軸束也从革敄聲莫卜切
⿰革必 車束也从革必聲毗必切 䪌 車衡三束也曲轅䪌縛直轅篹縛从革爯聲讀若論語鑽燧之鑽借官切 𩏉 䪌或从革
贊 ⿰革旨 蓋杠絲也从革旨聲徐鍇曰絲其繫系也脂利切 鞁 車駕具也从革皮聲平祕切 鞥 轡鞥从革弇聲讀若
譍一曰龍頭繞者烏合切 靶 轡革也从革巴聲必駕切 韅 著掖鞥也从革顯聲呼典切 靳 當膺也从革斤聲居近切
⿰革蚩 驂具也从革蚩聲讀若騁蜃丑郢切 靷 引軸也从革引聲余忍切 ⿰革⿱𢆶引 籀文靷 ⿰革官 車鞁具也从革官聲古滿
切 䩷 車鞁具也从革豆聲田候切 䩗 輨內環靼也从革于聲羽俱切 ⿰革尃 車下索也从革尃聲補各切 鞧

車具也从革奄聲烏合切 ⿰革發 車具也从革發聲陟劣切 鞌 馬鞁具也从革从安烏寒切 ⿰革茸 鞌毳飾也从革茸聲而隴切 鞊 鞌飾从革占聲他叶切 鞈 防汗也从革合聲古洽切 勒 馬頭絡銜也从革力聲盧則切 鞙 大車縛軛靼从革肙聲狂沇切 ⿰革面 勒靼也从革面聲彌沇切 靲 鞮也从革今聲巨今切 鞬 所以戢弓矢从革建聲居言切 韇 弓矢韇也从革賣聲徒谷切 ⿰革巂 綏也从革巂聲山垂切 ⿰革亟 急也从革亟聲紀力切 鞭 驅也从革㥯聲卑連切 㝑 古文鞭 鞅 頸靼也从革央聲於兩切 韄 佩刀絲也从革蒦聲乙白切 ⿰革它 馬尾⿰革它也从革它聲今之般緧徒何切 ⿰革見 繫牛脛也从革見聲己彳切

文五十七　重十一

鞘 刀室也从革肖聲私妙切 韉 馬鞁具也从革薦聲則前切 鞾 鞮屬从革華聲許騩切 靮 馬羈也从革勺聲都歷切

文四　新附

鬲部

鬲 鼎屬實五觳斗二升曰觳象腹交文三足凡鬲之屬皆从鬲 郎激切

𤭛 鬲或从瓦 𤮺 漢令鬲从瓦麻聲 䰛 三足鍑也一曰滫米器也从鬲支聲魚綺切 鬹 三足釜也有柄喙讀若嬀从鬲規聲居隨切 鬷 釜屬从鬲㚇聲子紅切 䰜 秦名土釜曰䰜从鬲中聲讀若過古禾切 鬵 大釜也一曰鼎大上小下若甑曰鬵从鬲兓聲讀若岑才林切 𩰫 籀文鬵 䰝 鬵屬从鬲曾聲子孕切 鬴 鍑屬从鬲甫聲扶雨切 釜 鬴或从金父聲 鬳 鬲屬从鬲虍聲牛建切 融 炊气上出也从鬲蟲省聲以戎切 䖹 籀文融不省 𩱠 炊气皃从鬲嚻聲許嬌切 鬺 煑也从鬲羊聲式羊切 䰞 涫也从鬲沸聲芳未切

文十三　重五

𩰲 𩰲歷也古文亦鬲字象孰飪五味气上出也凡𩰲之屬皆从𩰲郎激切

鬻 鬻也从𩰲侃聲諸延切 䭇 鬻或从食衍聲 飦 或从干聲 餰 或从建聲 鬻 鍵也从𩰲米聲武悲切臣鉉等曰今俗鬻作粥音之六切 𩱧 鍵也从𩰲古聲戶吳切 鬻 五味盉羹也从𩰲从羔詩曰亦有和鬻古行切 羹

孚孫本同毛本作享是也

遽孫本作薳

䰞或 𩱧 或从美鬻省 羹 小篆从羔从美 𩱴 鼎實惟葦及蒲陳留謂鍵爲𩱴从䰜速聲 桑谷切

餗 𩱴或从食束聲 鬻 鬻也从䰜毓聲 余六切 粥 鬻或省从米 𩱸 涼州謂鬻爲𩱸从䰜機聲

莫結切 䊮 𩱸或省从末 䰷 粉餅也从䰜耳聲 仍吏切 餌 䰷或从食耳聲 𩱦 熬也从䰜芻聲臣鉉等曰

今俗作煼別作炒非是 尺沼切 𩱐 內肉及菜湯中薄出之从䰜翟聲 以勺切 𩰫 孚也从䰜者聲 章與切 煮

𩰫或从火 𩱵 𩰫或从水在其中 𩰹 吹聲沸也从䰜孛聲 蒲沒切

文十三 重十二

爪 丮也覆手曰爪象形凡爪之屬皆从爪 側狡切

孚 卵孚也从爪从子一曰信也徐鍇曰鳥之孚卵皆如其期不失信也鳥裒恒以爪反覆其卵也 芳無切 𤓽 古文孚从禾禾古文保

爲 母猴也其爲禽好爪爪母猴象也下腹爲母猴形王育曰爪象形也 遽支切 𤔔 古文爲象兩母猴相對形

爫 亦丮也从反爪 闕 諸兩切

文四 重二

丮 持也象手有所丮據也凡丮之屬皆从丮

書曰毛本作詩曰是也孫本同誤

亟孫本同毛本作而

孰篆譌當作⿰𦎫丮孫本不誤

重孫本作亯羊是也

食孫本作飪 此与玉篇同

就孫本作丮是也

鬭孫本作鬬

讀若戟凡碑切

埶 種也从坴丮持亟種之書曰我埶黍稷徐鍇曰坴土也育祭切

孰 食飪也从丮重聲易曰孰飪殊六切

⿰食丮 設食也从丮从食才聲讀若載作代切

巩 褢也从丮工聲居悚切

𢀜 巩或加手

谻 相踦之也从丮谷聲其虐切

⿰丮戈 擊踝也从丮从戈讀若踝胡瓦切

𠬞 拖持也从反就闕居玉切

文八 重一

鬥 兩士相對兵杖在後象鬥之形凡鬥之屬皆从鬥都豆切

鬭 遇也从鬥斲聲都豆切

鬨 鬭也从鬥共聲孟子曰鄒與魯鬨下降切

⿵鬥翏 經繆殺也从鬥翏聲力求切

鬮 鬭取也从鬥龜聲讀若三合繩糾古矦切

⿵鬥爾 智少力劣也从鬥爾聲奴礼切

⿵鬥燹 鬭連結繽紛相牽也从鬥燹聲臣鉉等案燹今先典切从豩聲豩呼還切蓋燹亦有豩音故得爲聲一本从𤇾說文無𤇾字撫文切

⿵鬥賓 鬭也从鬥賓省聲讀若賓匹賓切

鬩 恒訟也詩云兄弟鬩于牆从鬥从兒兒善訟者也許激切

⿵鬥戈 試力士錘也从鬥从戈或从戰省讀若縣胡畎切

文十

傁篆譌當作傁孫本不誤

决孫本作決是也

神孫本作引段注說文作宋本作伸

⿰虘又篆譌當作⿰虘又孫本不誤

叉卑孫本同繫傳作叉取

虛孫本作虘是也

如孫本作加是也

及篆譌當作及孫本不誤

鬧 不靜也从市鬥 奴教切

文一 新附

又 手也象形三指者手之列多略不過三也凡又之屬皆从又 于救切

右 手口相助也从又从口 臣鉉等曰今俗别作佑 于救切

厷 臂上也从又从古文厷 古薨切

厶 古文厷象形

肱 厷或从肉

叉 手指相錯也从又象叉之形 初牙切

𠬶 手足甲也从又象叉形 側狡切

父 矩也家長率教者从又舉杖 扶雨切

叜 老也从又从灾闕 穌后切

𡰯 籒文从寸

傁 叜或从人

燮 和也从言从又炎 籒文燮从羊 羊音飪 讀若溼 臣鉉等案燮字義大孰也从炎从又即孰物可持也此燮蓋从燮省言語以和之也二字義相出入故也 穌叶切

曼 引也从又冒聲 無販切

⿱昌又 神也从又昌聲 昌古文申 失人切

夬 分決也从又中象決形 徐鍇曰丨物也丨所以決之 古賣切

尹 治也从又ノ握事者也 余準切

𠩵 古文尹

⿰虘又 叉卑也从又虛聲 側如切

𠭖 引也从又𠩺聲 里之切

㕞 拭也从又持巾在尸下 所劣切

及 逮也从又从人 徐鍇曰及前人也 巨立切

乁 古文及 秦刻启及如此

弓 亦古文及

𨒪 亦古文及

秉

启孫本作石是也

𠬝篆譌當作𠬝孫本不誤
𠬢篆譌當作𠬢孫本不誤

友古文譌當作𦫼孫本不誤

禾束也从又持禾兵永切 反 覆也从又厂反形府遠切 𠨷 古文 𠬝 治也从又从卩卩事之節也房六切 𠬢 滑也詩云𠬢兮達兮从又屮一曰取也土刀切 𠬪 楚人謂卜問吉凶曰𠬪从又持祟祟亦聲讀若贅之芮切 叔 拾也从又尗聲汝南名收芌爲叔式竹切 㸹 叔或从寸 𠭥 入水有所取也从又在回下回古文回回淵水也讀若沬莫勃切 取 捕取也从又从耳周禮獲者取左耳司馬法曰載獻聝聝者耳也七庾切 彗 掃竹也从又持甡祥歲切 篲 彗或从竹 䨮 古文彗从竹从習 叚 借也闕古雅切 𠬋 古文叚 𠫬 譚長說叚如此 友 同志爲友从二又相交友也云久切 𠂭 古文友 㕛 亦古文友 度 法制也从又庶省聲徒故切 文二十八 重十六

𠂇 𠂇手也象形凡𠂇之屬皆从𠂇臧可切 卑 賤也執事也从𠂇甲徐鍇曰右重而左卑故在甲下補移切 文二

史 記事者也从又持中中正也凡史之屬皆从史疏士切

事職也从史之省聲鉏史切 𡀀古文事 文二 重一

支去竹之枝也从手持半竹凡支之屬皆从支章移切

𢻻古文支 攲持去也从支奇聲去奇切 文二 重一

𦘒手之疌巧也从又持巾凡𦘒之屬皆从𦘒尼輒切

肄習也从𦘒𥿋聲羊至切 𦘫籀文肄 肄篆文肄 肅持事振敬也从𦘒在𣶒上戰戰兢兢息逐切

𢖽古文肅从心从卪 文三 重三

聿所以書也楚謂之聿吳謂之不律燕謂之弗从聿一聲凡聿之屬皆从聿余律切

筆秦謂之筆从聿从竹徐鍇曰筆尚便疌故从聿鄙密切 𦘠聿飾也从聿从彡俗語以書好爲𦘠讀若津將鄰切

事篆譌當作事孫本不誤

書 箸也从聿者聲商魚切 文四

畫 界也象田四界聿所以畫之凡畫之屬皆从畫胡麥切

畫 古文畫省 畫 亦古文畫

晝 日之出入與夜爲界从畫省从日陟救切 晝 籀文晝

文二 重三

隶 及也从又从尾省又持尾者从後及之也凡隶之屬皆从隶徒耐切

隸 及也从隶枲聲詩曰隸天之未陰雨臣鉉等曰枲非聲未詳徒耐切

隸 附箸也从隶柰聲郎計切 隸 篆文隸从古文之體臣鉉等未詳古文所出

文三 重一

臤 堅也从又臣聲凡臤之屬皆从臤讀若鏗鏘

之鏗古文以爲賢字苦閑切

緊 纏絲急也从臤从絲省糾忍切 堅 剛也从臤从土古賢切 豎 豎立也从臤豆聲臣庾切 豎 籒文豎从殳

文四 重一

臣 牽也事君也象屈服之形凡臣之屬皆从臣植鄰切

𦣝 乖也从二臣相違讀若誑居況切 臧 善也从臣戕聲則郎切 𢧢 籒文

文三 重一

殳 以杸殊人也禮殳以積竹八觚長丈二尺建於兵車旅賁以先驅从又几聲凡殳之屬皆从殳市朱切

青孫本作青是也

推孫本作椎是也

祋 殳也从殳示聲或說城郭市里高縣羊皮有不當入而欲入者暫下以驚牛馬曰祋故从示殳詩曰何戈與祋丁外切

杸 軍中士所持殳也从木从殳司馬法曰執羽从杸市朱切

毄 相擊中也如車相擊故从殳从軎古歷切

𣪊 从上擊下也一曰素也从殳青聲苦角切青苦江切

㱿 下擊上也从殳宂聲知朕切

𣪘 繇擊也从殳豆聲古文投如此度矦切

𣪔 縣物𣪊擊从殳𠭚聲市流切

豛 椎毄物也从殳豕聲冬毒切

毆 捶毄物也从殳區聲烏后切

毃 擊頭也从殳高聲口卓切

殿 擊聲也从殳㞙聲堂練切

殹 擊中聲也从殳医聲於計切

段 椎物也从殳耑省聲徒玩切

𣫅 擊空聲也从殳宮聲徒冬切又火宮切

殽 相雜錯也从殳肴聲胡茅切

毅 妄怒也一曰有決也从殳豙聲魚既切

𣪏 揉屈也从殳从皀皀古文叀字廄字从此臣鉉等曰叀小謹也亦屈服之意居又切

役 戍邊也从殳从彳臣鉉等曰彳步也彳亦聲營隻切

伇 古文役从人

毅 毅改大剛卯也以逐精鬼从殳亥聲古哀切

文二十　重一

殺 殺戮也从殳杀聲凡殺之屬皆从殺臣鉉等曰說文無杀字相傳云音察未知所出所八切

㣧 古文殺 㱦 古文殺 𣏂 古文殺 弒 臣殺君也易曰臣弒其君从殺省式聲 式吏切

文三 重四

几 鳥之短羽飛几几也象形凡几之屬皆从几讀若殊 市朱切

㐱 新生羽而飛也从几从彡 之忍切 鳧 舒鳧鶩也从鳥几聲 房無切

文三

寸 十分也人手卻一寸動𧖴謂之寸口从又从一凡寸之屬皆从寸 倉困切

寺 廷也有法度者也从寸之聲 祥吏切 將 帥也从寸牆省聲 即諒切 尋 繹理也从工从口从又从寸工口亂也又寸分理之彡聲此與𤔔同意度人之兩臂爲尋八尺也 徐林切 專 六寸簿也从寸叀聲一曰專紡專 職緣切 尃 布也从寸甫聲 芳無切 導 導引也从寸道聲 徒皓切

文七

皮 剥取獸革者謂之皮从又爲省聲凡皮之屬皆从皮符羈切

古文皮 籀文皮

皰 面生气也从皮包聲旁教切

皯 面黑气也从皮干聲古旱切

文三 重二

皸 足坼也从皮軍聲矩云切

皴 皮細起也从皮夋聲七倫切

文二 新附

𤿭 柔韋也从北从皮省从夐省凡𤿭之屬皆从𤿭讀若耎一曰若雋 臣鉉等曰北者反覆柔治之也夐營也而兗切

古文𤿭 籀文𤿭从夐省

羽獵韋絝从𤿭灷聲而隴切 或从衣从朕虞書曰鳥獸𣰥毛

文三 重二

攴 小擊也从又卜聲凡攴之屬皆从攴普木切

支孫本作攴是也

牧孫本作收是也

啟 教也从支启聲論語曰不憤不啓康禮切 徹 通也从彳从攴从育聲丑列切 𢖍 古文徹 肇 擊也从支肇省聲治小切 敏 疾也从攴每聲眉殞切 敃 彊也从攴民聲眉殞切 敄 彊也从攴矛聲亡遇切 敀 迮也从攴白聲周書曰敀常任博陌切 整 齊也从攴从朿从正正亦聲之郢切 效 象也从攴交聲胡教切 故 使爲之也从攴古聲古慕切 政 正也从攴从正正亦聲之盛切 𢻫 敷也从攴也聲讀與施同式支切 敷 𢻫也从攴尃聲周書曰用敷遺後人芳無切 敟 主也从攴典聲多殄切 𢿱 數也从攴麗聲力米切 數 計也从攴婁聲所矩切 ⿰湅攴 辟漱鐵也从攴从湅郎電切 孜 汲汲也从攴子聲周書曰孜孜無怠子之切 攽 分也从攴分聲周書曰乃惟孺子攽亦讀與彬同布還切 ⿰旱攴 止也从攴旱聲周書曰⿰旱攴我于艱侯旰切 敳 有所治也从攴豈聲讀若豤五來切 敞 平治高土可以遠望也从攴尚聲昌兩切 敒 理也从攴伸聲直刃切 改 更也从攴已李陽冰曰已有過攴之即改古亥切 變 更也从攴䜌聲祕戀切 更 改也从攴丙聲古孟切又古行切 敕 誡也臿地曰敕从攴朿聲恥力切 ⿰耴攴 使也从攴耴省聲而涉切 斂 牧也从攴僉聲良冉切 敹 擇也从攴𡨄聲周書曰敹乃甲冑洛

蕭孫本作𦽀

𢽳篆譌當作𢿃孫本不誤

蕭切敿繫連也从攴喬聲周書曰敿乃干讀若矯居夭切敆合會也从攴从合合亦聲古沓切敶列也从攴陳聲直刃切敵仇也从攴啻聲徒歷切救止也从攴求聲居又切敓彊取也周書曰敓攘矯虔从攴兌聲徒活切斁解也从攴睪聲詩云服之無斁斁猒也一曰終也羊益切赦置也从攴赤聲始夜切𢼅赦或从亦攸行水也从攴从人水省徐鍇曰攴入水所杖也以周切汥秦刻石繹山文攸字如此𢼄撫也从攴亡聲讀與撫同芳武切敉撫也从攴米聲周書曰亦未克敉公功讀若弭緜婢切侎敉或从人敡侮也从攴从易易亦聲以豉切𢿋戾也从攴韋聲羽非切敦怒也詆也一曰誰何也从攴享聲都昆切又丁回切𢿱朋侵也从攴从羣羣亦聲渠云切敗毀也从攴貝敗賊皆从貝會意薄邁切𣀀籀文敗从賏𢿢煩也从攴从𤔔𤔔亦聲郎段切寇暴也从攴从完徐鍇曰當其完聚而欲寇之苦候切𢾅刺也从攴蚩聲豬几切𢾊閉也从攴度聲讀若杜徒古切剫𢾊或从刀敜塞也从攴念聲周書曰敜乃穽奴叶切㪤㪤盡也从攴畢聲卑吉切收捕也从攴丩聲式州切鼓擊鼓也从攴从壴壴亦聲公戶切攷敂也从攴丂聲苦浩切

擿徐本毛本同段氏云惟趙本作擿玄應一切經音義卷十二、十三、十六、十七凡四引均作擿又云手部擿投也作橫擿則爲禦石投之義

攺下鬼鬽汲古本小徐本均作鬼魅此從宋實景本亦作余止切

敂 擊也从攴句聲讀若扣苦候切 攻 擊也从攴工聲古洪切 敲 橫擿也从攴高聲口交切 豛 擊也从攴豕聲竹角切 ⿰㞷攴 放也从攴㞷聲迂往切 𠩺 坼也从攴从厂厂之性坼果孰有味亦坼故謂之𠩺从未聲許其切 斀 去陰之刑也从攴蜀聲周書曰則劓斀黥竹角切 敯 貪也从攴昏聲周書曰敯不畏死眉殞切 敔 禁也一曰樂器椌楬也形如木虎从攴吾聲魚舉切 敤 研治也从攴果聲舜女弟名敤首苦果切 鈙 持也从攴金聲讀若琴巨今切 ⿰𠷎攴 棄也从攴𠷎聲周書以爲討詩云無我⿰𠷎攴兮市流切 畋 平田也从攴田周書曰畋尒田待年切 攺 毅攺大剛卯以逐鬼鬽也从攴巳聲讀若巳古亥切 敘 次弟也从攴余聲徐呂切 ⿰卑攴 毀也从攴卑聲辟米切 ⿰兒攴 戾也从攴兒聲五計切 牧 養牛人也从攴从牛詩曰牧人乃夢莫卜切 敇 擊馬也从攴朿聲楚革切 ⿰算攴 小舂也从攴算聲初絭切 ⿰堯攴 敫角田也从攴堯聲牽遙切

文七十七　重六

教 上所施下所效也从攴从孝凡教之屬皆从教古孝切

𢽈 古文教 𤕝 亦古文教 斆 覺悟也从教从冂冂尚矇也臼聲胡覺切 學 篆文斆省

文二 重三

卜 灼剥龜也象灸龜之形一曰象龜兆之從横也凡卜之屬皆从卜 博木切

𠁳 古文卜 卦 筮也从卜圭聲臣鉉等曰圭字聲不相近當从挂省聲古壞切 卟 卜以問疑也从口卜讀與稽同

書云卟疑 古兮切 貞 卜問也从卜貝以爲贄一曰鼎省聲京房所說陟盈切 𠧩 易卦之上體也商書曰貞曰𠧩从卜每聲

荒内切 占 視兆問也从卜从口職廉切 𠨑 卜問也从卜召聲市沼切 兆 灼龜坼也从卜兆象形治小切 𠧞 古文兆省

文八 重三

用 可施行也从卜从中衞宏說凡用之屬皆从用

臣鉉等曰卜中乃可用也余訟切

用 古文用

甫 男子美稱也从用父父亦聲方矩切

庸 用也从用从庚庚更事也易曰先庚三日余封切

葡 具也从用苟省臣鉉等曰苟急敕也會意平祕切

甯 所願也从用寧省聲乃定切

文五　重一

爻 交也象易六爻頭交也凡爻之屬皆从爻胡茅切

棥 藩也从爻从林詩曰營營青蠅止于棥附袁切

文二

㸚 二爻也凡㸚之屬皆从㸚力几切

爾 麗爾猶靡麗也从冂从㸚其孔㸚尒聲此與爽同意兒氏切

爽 明也从㸚从大徐鍇曰大其中隙縫光也疏兩切

爽 篆文爽

文三　重一

說文解字第三下

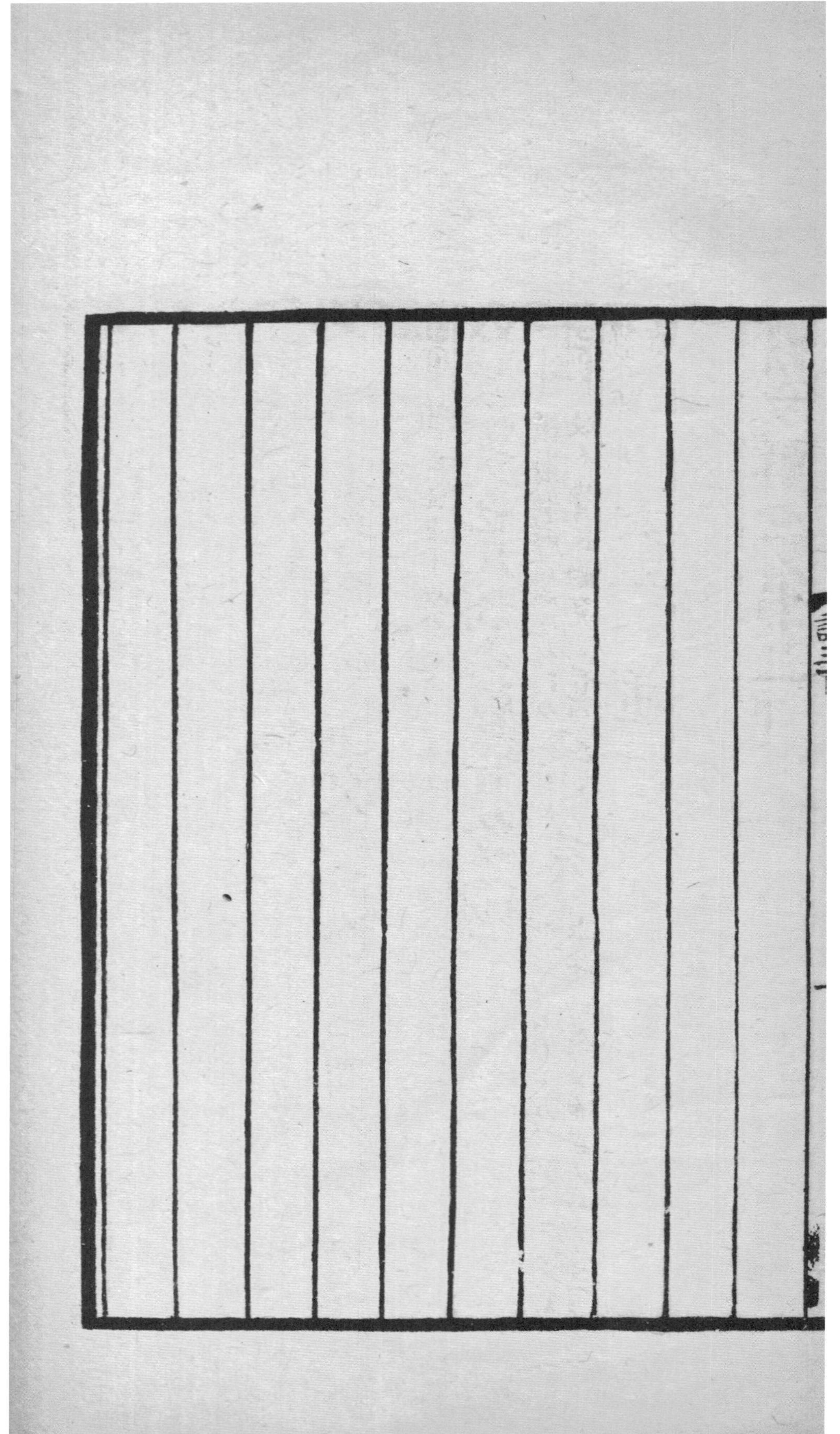

說文解字弟四上　漢太尉祭酒許慎記

銀青光禄大夫守右散騎常侍上柱國東海縣開國子食邑五百户臣徐鉉等奉

敕校定

四十五部　文七百四十八　重百一十二

凡七千六百三十八字

文二十四新附

𥄎 舉目使人也从攴从目凡𥄎之屬皆从𥄎讀若颰 火劣切

夐 營求也从𥄎从人在穴上商書曰高宗夢得說使百工夐求得之傅巖 巖穴也徐鍇曰人與目隔穴經營而見之然後指使以求之攴所指畫也 朽正切

閺 低目視也从𥄎門聲弘農湖縣有閺鄉汝南西平有閺亭 無分切

𡘋 大視也从大𥄎讀若齤 況晚切

文四

⿰目縣篆譌當作⿰目縣孫本不誤

戾孫本作侯是也

汎當作況孫本亦誤

興孫本作典是也

二孫本作亡是也

目 人眼象形重童子也凡目之屬皆从目莫六切

𡇢 古文目 眼 目也从目艮聲五限切 ⿰目睘 兒初生瞥者从目睘聲邦免切 眩 目無常主也从目玄聲黃絢切 眥 目匡也从

目此聲在詣切 䀹 目旁毛也从目夾聲子葉切 ⿰目縣 盧童子也从目縣聲胡畎切 ⿰目喜 目童子精也从目喜聲讀若禧許其切 矈

目旁薄緻宀宀也从目臱聲武延切 ⿱非目 大目也从目非聲芳微切 ⿱臤目 大目也从目臤聲戾簡切 睅 大目也从目旱聲戶版切

睆 睅或从完 ⿰目爰 大目也从目爰聲汎晚切 瞞 平目也从目㒼聲母官切 睴 大目出也从目軍聲古鈍切 矕 目矕矕也

从目䜌聲武版切 睔 目大也从目侖春秋傳有鄭伯睔古本切 盼 詩曰美目盼兮从目分聲匹莧切 盰 目多白也一曰張目也

从目干聲古旱切 眅 多白眼也从目反聲春秋傳曰鄭游眅字子明普班切 睍 出目也从目見聲胡興切 矔 目多精也从目

雚聲益州謂瞋目曰矔古玩切 瞵 目精也从目粦聲力珍切 窅 深目也从穴中目烏皎切 眊 目少精也从目毛聲虞書耄字

从此二報切 矘 目無精直視也从目黨聲他朗切 睒 暫視皃从目炎聲讀若白蓋謂之苫相似失冉切 眮 吳楚謂瞋目顧

視曰眮从目同聲徒弄切 ⿰目必 直視也从目必聲讀若詩云泌彼泉水兵媚切 瞴 瞴婁微視也从目無聲莫浮切 ⿰目幵 蔽人視也从目幵聲

睯孫本作瞖是也

忘孫本作志是也

九孫本作丸是也

讀若攜手。一曰直視也。又苦兮切。[幵目] [目幵]或在下。睌 睌睯，目視皃。从目免聲。武限切。眂 眂皃。从目氏聲。承旨切。睨 衺視也。从目兒聲。研計切。[目冒] 低目視也。从目冒聲。周書曰：武王惟[目冒]。亡保切。眓 視高皃。从目戉聲。讀若詩曰施罛濊濊。呼哲切。眈 視近而忘遠。从目冘聲。易曰：虎視眈眈。丁含切。[目延] 相顧視而行也。从目从延，延亦聲。于線切。盱 張目也。从目于聲。一曰朝鮮謂盧童子曰盱。況于切。睘 目驚視也。从目袁聲。詩曰：獨行睘睘。渠營切。[目亶] 視而止也。从目亶聲。旨善切。[目勿] 目冥遠視也。从目勿聲。一曰久也。一曰旦明也。莫佩切。眕 目有所恨而止也。从目㐱聲。之忍切。瞟 際也。从目䙴聲。敷紹切。[目祭] 察也。从目祭聲。戚細切。睹 見也。从目者聲。當古切。覩 古文从見。眔 目相及也。从目，从隶省。徒合切。睽 目不相聽也。从目癸聲。苦圭切。眛 目不明也。从目未聲。莫撥切。[目般] 轉目視也。从目般聲。薄官切。[目辡] 小兒白眼也。从目辡聲。蒲莧切。眽 目財視也。从目𠂢聲。莫獲切。[目脩] 失意視也。从目脩聲。他歷切。[目𦎧] 謹鈍目也。从目𦎧聲。之閏切。瞤 目動也。从目閏聲。如勻切。矉 恨張目也。从目賓聲。詩曰：國步斯矉。符真切。眢 目無明也。从目夗聲。一九切。睢 仰目也。从目隹聲。許惟切。旬 目搖也。从目，勻省聲。黃絢切。眴 旬或从旬。矆 大視也。从目蒦聲。許縛切。睦 目順也。从目坴聲。一曰敬和也。莫卜切。𡴆 古文睦。瞻 臨視也。从目詹聲。職廉切。瞀 氐目謹視也。从目敄聲。莫候切。[目買] 小視也。从目買聲。莫佳切。[目盧]

也孫本同藤花榭本作他是也

之孫本同當作也
手孫本作手是也

視也从目監聲古銜切 ⿰目啓 省視也从目啓省聲苦系切 相 省視也从目从木易曰地可觀者莫可觀於木詩曰相鼠有皮息良切 瞋

張目也从目眞聲昌眞切 ⿰目戌 祕書瞋从戌 瞗 目孰視也从目鳥聲讀若雕都僚切 睗 目疾視也从目易聲施隻切 睊

視皃从目肙聲於絢切 ⿰目窅 目深皃从目窅讀若易曰勿卹之卹於悅切 睼 迎視也从目是聲讀若珥瑱之瑱他計切 ⿰目㬳 目相戲也

从目㬳聲詩曰㬳婉之求於殄切 ⿱取目 短深目皃从目取聲烏括切 眷 顧也从目类聲詩曰乃眷西顧居倦切 督 察也一曰目痛

也从目叔聲冬毒切 睎 望也从目稀省聲海岱之閒謂眄曰睎香衣切 看 睎之从手下目目苦寒切 ⿰目倝 看或从倝 瞫 深視

也一曰下視也又竊見也从目覃聲式荏切 睡 坐寐也从目垂是僞切 瞑 翕目也从目冥冥亦聲臣鉉等曰今俗別作眠非是武延切 眚 目病

生翳也从目生聲所景切 瞥 過目也又目翳也从目敝聲一曰財見也普滅切 眵 目傷眥也从目多聲一曰瞢兜叱支切 ⿱蔑目 目眵

也从目蔑省聲莫結切 ⿰目夬 涓目也从目夬聲臣鉉等曰當从決省古穴切 ⿰目良 目病也从目良聲力讓切 眛 目不明也从目未聲莫佩切

瞯 戴目也从目閒聲江淮之間謂眄曰瞯戶閒切 眯 艸入目中也从目米聲莫禮切 眺 目不正也从目兆聲他弔切 睞 目童

子不正也从目來聲洛代切 睩 目睞謹也从目彔聲讀若鹿盧谷切 ⿰目攸 眣也从目攸聲敕鳩切 ⿰目丩 脩或从丩 眣

目不正也从𥄎目

矇 童矇也一曰不明也从目蒙聲莫中切

眇 一目小也从目从少少亦聲亡沼切

眄 目偏合也一曰衺視也秦語从目丏聲莫甸切

䀩 眄也从目各聲盧各切

盲 目無牟子从目亡聲武庚切

䁍 目陷也从目咸聲苦夾切

瞽 目但有眹也从目鼓聲公戶切

瞍 無目也从目叜聲穌后切

䁝 惑也从目榮省聲戶扃切

睉 目小也从目坐聲臣鉉等曰案尚書元首叢脞哉叢脞猶細碎也今从肉非是昨禾切

𥆚 捾目也从目叉烏括切

睇 目小視也从目弟聲南楚謂眄曰睇特計切

瞚 開闔目數搖也从目寅聲臣鉉等曰今俗別作瞬非是舒閏切

眙 直視也从目台聲丑吏切

眝 長眙也一曰張目也从目宁聲陟呂切

盻 恨視也从目兮聲胡計切

䀟 目不明也从目弗聲普未切

文百十三　重八

瞼 目上下瞼也从目僉聲居奄切

眨 動目也从目乏聲側洽切

眭 深目也亦人姓从目圭聲許規切

眹 目精也从目灷聲案勝字賸皆从朕聲疑古以朕為眹直引切

眸 目童子也从目牟聲說文直作牟莫浮切

睚 目際也从目厓五隘切

文六　新附

䀠 左右視也从二目凡䀠之屬皆从䀠讀若拘又若良士瞿瞿九遇切

衰孫本作衺是也

𥄎 目圍也从䀠丿讀若書卷之卷古文以爲醜字居倦切 ⿱䀠大 目衰也从䀠从大大人也舉朱切 文三

眉 目上毛也从目象眉之形上象頟理也凡眉之屬皆从眉武悲切

省 視也从眉省从屮臣鉉等曰屮通識也所景切 㫗 古文从少从囧 文二 重一

盾 瞂也所以扞身蔽目象形凡盾之屬皆从盾食閏切

瞂 盾也从盾犮聲扶發切 ⿰盾圭 盾握也从盾圭聲苦圭切 文三

自 鼻也象鼻形凡自之屬皆从自疾二切

𦣹 古文自 臱 宮不見也闕武延切 文二 重一

白 此亦自字也省自者詞言之气从鼻出與口相助也凡白之屬皆从白疾二切

白部𣅀下云誰也从口[illegible]

入孫本同當作父

祕當作祕

奭篆譌當作奭孫本不誤

曰孫本作白是也

皆 俱詞也从比从白古諧切

魯 鈍詞也从白鮺省聲論語曰參也魯郎古切

者 別事詞也从白𣎆聲𣎆古文旅字之也切

𠷎 詞也从白𠷎聲𠷎与疇同虞書帝曰𠷎咨直由切

智 識詞也从白从亏从知知義切

𥏼 古文𥏼

百 十十也从一白數十百爲一貫相章博陌切

𦣻 古文百从自

文七　重二

鼻 引气自畀也从自畀凡鼻之屬皆从鼻父二切

齅 以鼻就臭也从鼻从臭臭亦聲讀若畜牲之畜許救切

鼾 臥息也从鼻干聲讀若汗侯幹切

鼽 病寒鼻窒也从鼻九聲巨鳩切

齂 臥息也从鼻隶聲讀若虺許介切

文五

皕 二百也凡皕之屬皆从皕讀若祕彼力切

奭 盛也从大从皕皕亦聲此燕召公名讀若郝史篇名醜余錯曰史篇謂所作蒼頡十五篇也詩亦切

𡙡 古文奭

文二　重一

習 數飛也从羽从白凡習之屬皆从習似入切

褐孫本作愒是也

幹孫本同當作榦

平孫本作乎是也

翫 習猒也从習元聲春秋傳曰翫歲而褐日五換切

文二

羽 鳥長毛也象形凡羽之屬皆从羽王矩切

翨 鳥之彊羽猛者从羽是聲俱豉切 翰 天雞赤羽也从羽倝聲逸周書曰大翰若翬雉一名鷐風周成王時蜀人獻之侯幹切 翟 山雉尾長者从羽从隹徒歷切 翡 赤羽雀也出鬱林从羽非聲房味切 翠 青羽雀也出鬱林从羽卒聲七醉切 翦 羽生也一曰矢羽从羽前聲即淺切 翁 頸毛也从羽公聲烏紅切 翄 翼也从羽支聲施智切 ⿰羽氏 翄或从氏 ⿰革羽 翅也从羽革聲古翮切 翹 尾長毛也从羽堯聲渠遙切 翭 羽本也一曰羽初生皃从羽侯聲平溝切 翮 羽莖也从羽鬲聲下革切 翑 羽曲也从羽句聲其俱切 羿 羽之羿風亦古諸侯也一曰射師从羽幵聲五計切 翥 飛舉也从羽者聲章庶切 翕 起也从羽合聲許及切 翾 小飛也从羽睘聲許緣切 翬 大飛也从羽軍聲一曰伊雒而南雉五采皆備曰翬詩曰如翬斯飛臣鉉等曰當从揮省許歸切 翏 高飛也从羽从㐱力救切 翩 疾飛也从羽扁聲芳連切 翜 捷也飛之疾也从羽夾聲讀若濇一曰俠也山洽切 翊 飛皃从羽立聲與職切 ⿱冃羽 飛盛皃从羽从冃臣鉉等曰犯冃而飛是盛也土盍切 ⿱之羽 飛盛皃从羽之聲侍之切 翱 翱翔也从羽皋聲五牢切 翔 回飛也从羽羊聲似羊切 翽 飛聲

雅篆譌當作雅孫本不誤

也从羽歲聲詩曰鳳皇于飛翽翽其羽呼會切 翯 鳥白肥澤皃从羽高聲詩云白鳥翯翯胡角切 𦐂 樂舞以羽翿自翳其首以祀星辰也从羽王聲讀若皇胡光切 翇 樂舞執全羽以祀社稷也从羽犮聲讀若紱分勿切 翿 翳也所以舞也从羽𣪠聲詩曰左執翿徒到切 翳 華蓋也从羽殹聲於計切 翣 棺羽飾也天子八諸侯六大夫四士二下垂从羽妾聲山洽切

文三十四 重一

翎 羽也从羽令聲郎丁切 翻 飛也从羽番聲孚袁切 翃 飛聲从羽工聲戶公切

文三 新附

隹 鳥之短尾總名也象形凡隹之屬皆从隹 職追切

雅 楚烏也一名鸒一名卑居秦謂之雅从隹牙聲五下切又烏加切 臣鉉等曰今俗別作鴉非是 隻 鳥一枚也从又持隹持一隹曰隻二隹曰雙之石切 雒 鵋鵙也从隹各聲盧各切 閵 今閵似鴝鵒而黃从隹両省聲良刃切 𨶒 籀文不省 巂 周燕也从隹屮象其冠也冏聲一曰蜀王望帝婬其相妻慙亡去為子巂鳥故蜀人聞子巂鳴皆起云望帝戶圭切 䧂 鳥也从隹方聲讀若方府良切 雀 依人小鳥也从小隹讀與爵同即略切 𨾊 鳥也从隹犬聲睢陽有𨾊水五加切 雗 雗鷽也从隹倝聲侯幹切 雉 有十四種盧諸雉喬雉鳪雉鷩雉秩秩海雉翟山雉翰雉卓雉伊洛而南曰翬江淮而南曰搖南方曰𨿔東方曰甾北方曰稀西方曰蹲

雌孫本同誤當从類篇作雉

推篆譌當作𨿽孫本不誤

翟孫本作雓是也

从隹矢聲直几切 𨾊古文雉从弟 雊雄雌鳴也雷始動雉鳴而雊其頸从隹从句句亦聲古候切 雞知時畜也从隹奚聲古兮切 鷄籀文雞从鳥 雛雞子也从隹芻聲士于切 鶵籀文雛从鳥 雡鳥大雛也从隹翏聲一曰雉之莫子爲雡力救切 離黃倉庚也鳴則蠶生从隹离聲呂支切 雕鷻也从隹周聲都僚切 鵰籀文雕从鳥 䧹鳥也从隹瘖省聲或从人人亦聲徐鍇曰鷹隨人所指蹤故从人於凌切 鷹籀文䧹从鳥 䧿雝也从隹氐聲處脂切 鴟籀文䧿从鳥 𨿽雝也从隹垂聲是僞切 雃石鳥一名雝𪆂一曰精𠛱从隹幵聲春秋傳秦有士雃苦堅切 雝雝𪆂也从隹邕聲於容切 雂鳥也从隹今聲春秋傳有公子苦雂巨淹切 雁鳥也从隹从人厂聲讀若鴈臣鉉等曰雁知時鳥大夫以爲摯昏禮用之故从人五晏切 䧒黎黃也从隹黎聲一曰楚雀也其色黎黑而黃郎兮切 雐鳥也从隹虍聲荒烏切 雓牟母也从隹奴聲人諸切 鴽翟或从鳥 雇九雇農桑候鳥扈民不婬者也从隹戶聲春雇鳻盾夏雇竊玄秋雇竊藍冬雇竊黃棘雇竊丹行雇唶唶宵雇嘖嘖桑雇竊脂老雇鷃也侯古切 鳸雇或从雩 鶚籀文雇从鳥 雜䳄屬从隹𦎫聲常倫切 䳺鶉屬从隹酓聲恩含切 鷂籀文䳺从鳥 𨾲鳥也从隹支聲一曰雉度章移切 䧆鳥肥大堆堆也从隹工聲戶工切 鳿䧆或从鳥

⿰𢿱隹篆譌當作⿰𢿱隹孫本不誤

⿰𢿱隹繳𢿱也从隹𢿱聲一曰飛𢿱也臣鉉等曰𢿱之若切𢿱繳以取鳥也穌旰切 隿繳射飛鳥也从隹弋聲與職切 雄鳥父也从隹厷聲羽弓切 雌鳥母也从隹此聲此移切 䍜覆鳥令不飛走也从网隹讀若到都校切 雋肥肉也从弓所以射隹長沙有下雋縣徂沇切

⿰隓隹飛也从隹隓聲山垂切

文三十九　重十二

奞鳥張毛羽自奮也从大从隹凡奞之屬皆从奞讀若睢息遺切

奪手持隹失之也从又从奞徒活切 奮翬也从奞在田上詩曰不能奮飛方問切

文三

萑鴟屬从隹从𦫳有毛角所鳴其民有旤凡萑之屬皆从萑讀若和胡官切

蒦規蒦商也从又持萑一曰視遽皃一曰蒦度也徐鍇曰商度也萑善度人禍福也乙虢切 彠蒦或从尋尋亦度也楚詞曰求矩彠之所同

雚小爵也从萑吅聲詩曰雚鳴于垤工奐切 舊雖舊舊留也从萑臼聲巨救切 鵂舊或从鳥休聲

大徐本作火是也

文四　重二

𦫳 羊角也象形凡𦫳之屬皆从𦫳讀若乖 工瓦切

𦫵 戾也从𦫳而兆兆古文別臣鉉等曰兆兵列切篆文分別字也古懷切 𦫸 相當也闕讀若宀母官切

文三

苜 目不正也从𦫳从目凡苜之屬皆从苜莧从此讀若末 徐鍇曰𦫳角戾也徒結切

瞢 目不明也从苜从旬旬目數搖也木空切 莧 火不明也从苜从大苜亦聲周書曰布重莧席織蒻席也讀與蔑同莫結切 蔑 勞目無精也从苜人勞則蔑然从戍莫結切

文四

羊 祥也从𦫳象頭角足尾之形孔子曰牛羊之字以形舉也凡羊之屬皆从羊 與章切

羋 羊鳴也从羊象聲气上出與牟同意緜婢切 羔 羊子也从羊照省聲古牢切 羜 五月生羔也从羊宁聲讀若煑

片孫本作爿是也

埶孫本作埶是也

直呂切䍩六月生羔也从羊孜聲讀若霧已遇切又亡遇切羍小羊也从羊大聲讀若達他末切𦍒羍或省䍫羊未卒歲也从羊兆聲或曰夷羊百斤左右爲䍫讀若春秋盟于洮治小切羝牡羊也从羊氐聲都兮切羒牂羊也从羊分聲符分切牂牡羊也从羊片聲則郎切羭夏羊牡曰羭从羊俞聲羊朱切羖夏羊牡曰羖从羊殳聲公戶切羯羊羖犗也从羊曷聲居謁切羠騬羊也从羊夷聲徐姊切羳黃腹羊从羊番聲附袁切羥羊名从羊巠聲口莖切䍯羊名从羊埶聲汝南平輿有埶亭讀若晉臣鉉曰埶非聲未詳即刃切羸瘦也从羊𣎵聲臣鉉等曰羊主給膳以瘦爲病故从羊力爲切䍴羊相積也从羊委聲於僞切羵䍴羵也从羊責聲子賜切羣輩也从羊君聲臣鉉等曰羊性好羣故从羊渠云切𦎎羣羊相積也一白黑羊从羊亜聲烏閑切𦍩羊名蹏皮可以割桼从羊此聲此思切美甘也从羊从大羊在六畜主給膳也美與善同意臣鉉等曰羊大則美故从大無鄙切羌西戎牧羊人也从人从羊羊亦聲南方蠻閩从虫北方狄从犬東方貉从豸西方羌从羊此六種也西南僰人僬僥从人蓋在坤地頗有順理之性唯東夷从大大人也夷俗仁仁者壽有君子不死之國孔子曰道不行欲之九夷乘桴浮於海有以也去羊切𦍍古文羌如此羑進善也从羊久聲文王拘羑里在湯陰與久切

文二十六　重二

羴據本作羴是也

羴羊臭也从三羊凡羴之屬皆从羴 式連切

羶 羴或从亶 羼 羊相厠也从羴在尸下尸屋也一曰相出前也 初限切

文二 重一

瞿 鷹隼之視也从隹从䀠䀠亦聲凡瞿之屬皆从瞿讀若章句之句 九遇切 又音衢

矍 隹欲逸走也从又持之矍矍也讀若詩云穬彼淮夷之穬一曰視遽皃 九縛切

文二

雔 雙鳥也从二隹凡雔之屬皆从雔讀若醻 市流切

靃 飛聲也雨而雙飛者其聲靃然 呼郭切 雙 隹二枚也从雔又持之 所江切

文三

雥 羣鳥也从三隹凡雥之屬皆从雥 徂合切

𩁁 鳥羣也从雥𣶒聲 烏玄切 雧 羣鳥在木上也从雥从木 秦入切 集 雧或省

文三 重一

精孫本作精是也

鳥　長尾禽總名也。象形。鳥之足似匕，从匕。凡鳥之屬皆从鳥。都了切

鳳　神鳥也。天老曰：鳳之象也，鴻前麐後，蛇頸魚尾，鸛顙鴛思，龍文虎背，燕頷雞喙，五色備舉。出於東方君子之國，翺翔四海之外，過崐崘，飲砥柱，濯羽弱水，莫宿風穴。見則天下大安寧。从鳥凡聲。馮貢切

朋　古文鳳。象形。鳳飛，羣鳥從以萬數，故以為朋黨字。

鵬　亦古文鳳。

鸞　亦神靈之精也。赤色五采，雞形。鳴中五音，頌聲作則至。从鳥䜌聲。周成王時氐羌獻鸞鳥。洛官切

鸑　鸑鷟，鳳屬，神鳥也。从鳥獄聲。春秋國語曰：周之興也，鸑鷟鳴於岐山。江中有鸑鷟，似鳧而大，赤目。五角切

鷟　鸑鷟也。从鳥族聲。士角切

鷫　鷫鷞也。五方神鳥也。東方發明，南方焦明，西方鷫鷞，北方幽昌，中央鳳皇。从鳥肅聲。息逐切

𪅱　司馬相如說：从叜聲。

鷞　鷫鷞也。从鳥爽聲。所莊切

鳩　鶻鵃也。从鳥九聲。居求切

鶌　鶌鳩也。从鳥屈聲。九勿切

鵻　祝鳩也。从鳥隹聲。思允切

隼　鵻或从隹、一。一曰鶉字。

鶻　鶻鵃也。从鳥骨聲。古忽切

鵃　鶻鵃也。从鳥舟聲。張流切

鵴　秸鵴，尸鳩。从鳥𥷚聲。臣鉉等曰：𥷚，居六切，與𥷚同。居六切

鴿　聲古从鳥合鳩屬沓切

鴠　渴鴠也。从鳥旦聲。得案切

鶪　伯勞也。从鳥狊聲。古闃切

⿰狊隹　鶪或从隹。

鷚　天龠也。从鳥翏聲。力救切

鸒　卑居也。从鳥與聲。羊茹切

鷽　雗鷽，山鵲

桼孫本作桼是也

王孫本作玉是也

鴖篆譌當作鴖孫本亦誤

知來事鳥也从鳥學省聲胡角切

雤 鷽或从隹

鷲 鳥黑色多子師曠曰南方有鳥名曰羌鷲黃頭赤目五色皆備从鳥就聲疾僦切

鴞 鴟鴞寧鴂也从鳥号聲于嬌切

鴂 寧鴂也从鳥夬聲古穴切

⿰祟鳥 鳥也从鳥祟聲辛聿切

鴋 澤虞也从鳥方聲分兩切

⿰截鳥 鳥也从鳥截聲子結切

⿰桼鳥 鳥也从鳥桼聲親吉切

鴩 鋪豉也从鳥失聲臣鉉等曰鋪豉鳥名徒結切

鶤 鶤雞也从鳥軍聲讀若運古渾切

⿰芺鳥 鳥也从鳥芺聲烏浩切

⿰𦥑鳥 鳥也从鳥𦥑聲居王切

鷦 鷦眇桃蟲也从鳥焦聲即消切

眇 鷦眇也从鳥眇聲亡沼切

鶹 鳥少美長醜爲鶹離从鳥留聲力求切

鷬 鳥也从鳥堇聲那干切

難 鷬或从隹

⿰堇隹 古文鷬

⿰䈞隹 古文鷬

⿰豈隹 古文鷬

鶨 欺老也从鳥彖聲丑絹切

⿰兌鳥 鳥也从鳥說省聲弋雪切

鴸 鳥也从鳥主聲天口切

鴖 鳥也从鳥昏聲武巾切

鷯 刀鷯剖葦食其中蟲从鳥尞聲洛蕭切

鶠 鳥也其雌皇从鳥匽聲一曰鳳皇也於幰切

鴲 瞑鴲也从鳥旨聲旨夷切

鵅 烏鸔也从鳥各聲盧各切

鸔 烏鸔也从鳥暴聲蒲木切

鶴 鳴九皐聲聞于天从鳥隺聲下各切

鷺 白鷺也从鳥路聲洛故切

鵠 鴻鵠也从鳥告聲胡沃切

鴻 鴻鵠也从鳥江聲戶工切

⿰尗鳥 禿⿰尗鳥也从鳥赤聲臣鉉等曰赤非聲未詳七由切

鶖 ⿰尗鳥或从秋

鴛 鴛鴦也从鳥夗聲於袁切

鴦 鴛鴦也从鳥央聲於良切

鵽 鵽鳩也从鳥叕聲丁刮切

广孫本作厂是也

也孫本同當作聲

雞孫本作鷄是也

鵱蔞鵝也从鳥坴聲力竹切 鴚鴚鵝也从鳥可聲古俄切 鵝鴚鵝也从鳥我聲五何切 鴈鵝也从鳥人厂聲臣鉉等曰从人从

广義無所取當从雁省聲五晏切 鶩舒鳧也从鳥敄聲莫卜切 鷖鳧屬从鳥殹聲詩曰鳧鷖在梁烏雞切 䳄䳄⿰辥鳥鳧屬

从鳥契聲古節切 ⿰辥鳥䳄⿰辥鳥也从鳥辥聲魚列切 鸏水鳥也从鳥蒙聲莫紅切 鷸知天將雨鳥也从鳥矞聲禮記曰知天文者冠鷸

余律切 ⿺遹鳥鷸或从遹 鸊鸊鷉也从鳥辟聲普擊切 鷉鸊鷉也从鳥虒聲土雞切 鸕鸕鷀也从鳥盧聲洛乎切 鷀鸕鷀也从

鳥茲聲疾之切 鷧鷧鷀也从鳥壹聲乙冀切 鴔鴔鵖也从鳥乏聲平立切 鵖鴔鵖也从鳥皀聲彼及切 鴇鳥也肉出尺胾从鳥午

聲博好切 ⿰包鳥鴇或从包 ⿰渠鳥雝鸔也从鳥渠聲強魚切 鷗水鴞也从鳥區聲烏侯切 䳚鳥也从鳥犮聲讀若撥蒲達切 鷛

鳥也从鳥庸聲余封切 鶂鳥也从鳥兒聲春秋傳曰六鶂退飛五歷切 鷊鶂或从鬲 ⿰赤鳥司馬相如說鶂从赤 鵜鵜胡污澤也从

鳥夷聲杜兮切 ⿰弟鳥鵜或从弟 鴗天狗也从鳥立聲力入切 鶬麋鴰也从鳥倉聲七岡切 ⿰倉隹鶬或从隹 鴰麋鴰也从鳥昏聲古

活切 鵁鵁鶄也从鳥交聲一曰鵁鸕也古肴切 鶄鵁鶄也从鳥青聲子盈切 鳽鵁鶄也从鳥幵聲古賢切 ⿰箴鳥⿰箴鳥鴜也从鳥箴聲職

深切 鴜⿰箴鳥鴜也从鳥此聲即夷切 鷻雕也从鳥敦聲詩曰匪鷻匪鳶度官切 ⿱屰鳥鷙鳥也从鳥屰聲臣鉉等曰屰非聲一本从屮

塋孫本作縈是也

匃孫本作昜是也

疑从萑省今俗別作鳶非是與專切鷳鴟也从鳥閒聲戶閒切鷂鷙鳥也从鳥䍃聲弋笑切鷢白鷢王鴡也从鳥厥聲居月切鴡

王鴡也从鳥且聲七余切鸛鸛專畐蹂如䳌短尾射之銜矢射人从鳥雚聲呼官切鸇鷐風也从鳥亶聲諸延切𪈷籒文鸇从廛鷐

鷐風也从鳥晨聲植鄰切鷙擊殺鳥也从鳥執聲脂利切鴥鴥飛皃从鳥穴聲詩曰鴥彼晨風余律切鶯鳥也从鳥熒省聲詩曰

有鶯其羽烏莖切鴝鴝鵒也从鳥句聲其俱切鵒鴝鵒也从鳥谷聲古者鴝鵒不踰泲余蜀切雓鵒或从隹从臾

鷩赤雉也从鳥敝聲周禮曰孤服鷩冕并列切鵔鵔鸃鷩也从鳥夋聲私閏切鸃鵔鸃也从鳥義聲秦漢之初侍中冠鵔鸃

冠魚羈切鸐雉屬戇鳥也从鳥適省聲都歷切鶡似雉出上黨从鳥曷聲胡割切鴧鳥似鶡而青出羌中从鳥介聲古拜切

鸚鸚䳇能言鳥也从鳥嬰聲烏莖切䳇鸚䳇也从鳥母聲文甫切鷮走鳴長尾雉也乘輿以為防釳著馬頭上从鳥喬聲巨嬌切

鷕雌雉鳴也从鳥唯聲詩曰有鷕雉鳴以沼切鸓鼠形飛走且乳之鳥也从鳥畾聲力軌切䴎籒文鸓鶾雉肥鶾音

者也从鳥倝聲魯郊以丹雞祝曰以斯鶾音赤羽去魯侯之咎侯幹切鴳雇也从鳥安聲烏諫切鴆毒鳥也从鳥冘聲一名運日直禁切

鷇鳥子生哺者从鳥㱿聲口豆切鳴鳥聲也从鳥从口武兵切鶱飛皃从鳥寒省聲虛言切鳻鳥聚皃一曰飛皃从鳥分

屬補本同毛本作長是也

聲府文切

文百十六　重十九

鷓 鷓鴣鳥名从鳥庶聲之夜切 鴣 鷓鴣也从鳥古聲古乎切 鴨 鶩也俗謂之鴨从鳥甲聲烏狎切 鶒 谿鶒水鳥从鳥式聲恥力切

文四　新附

烏 孝鳥也象形孔子曰烏盱呼也取其助气故以爲烏呼凡烏之屬皆从烏哀都切臣鉉等曰今俗作嗚非是

𦒸 古文烏象形 於 象古文烏省

舄 䧿也象形七雀切 䧿 篆文舄从隹昔

焉 焉鳥黃色出於江淮象形凡字朋者羽蟲之屬烏者日中之禽舄者知太歲之所在燕者請子之候作巢避戊己所貴者故皆象形焉亦是也有乾切

文三　重三

說文解字第四上

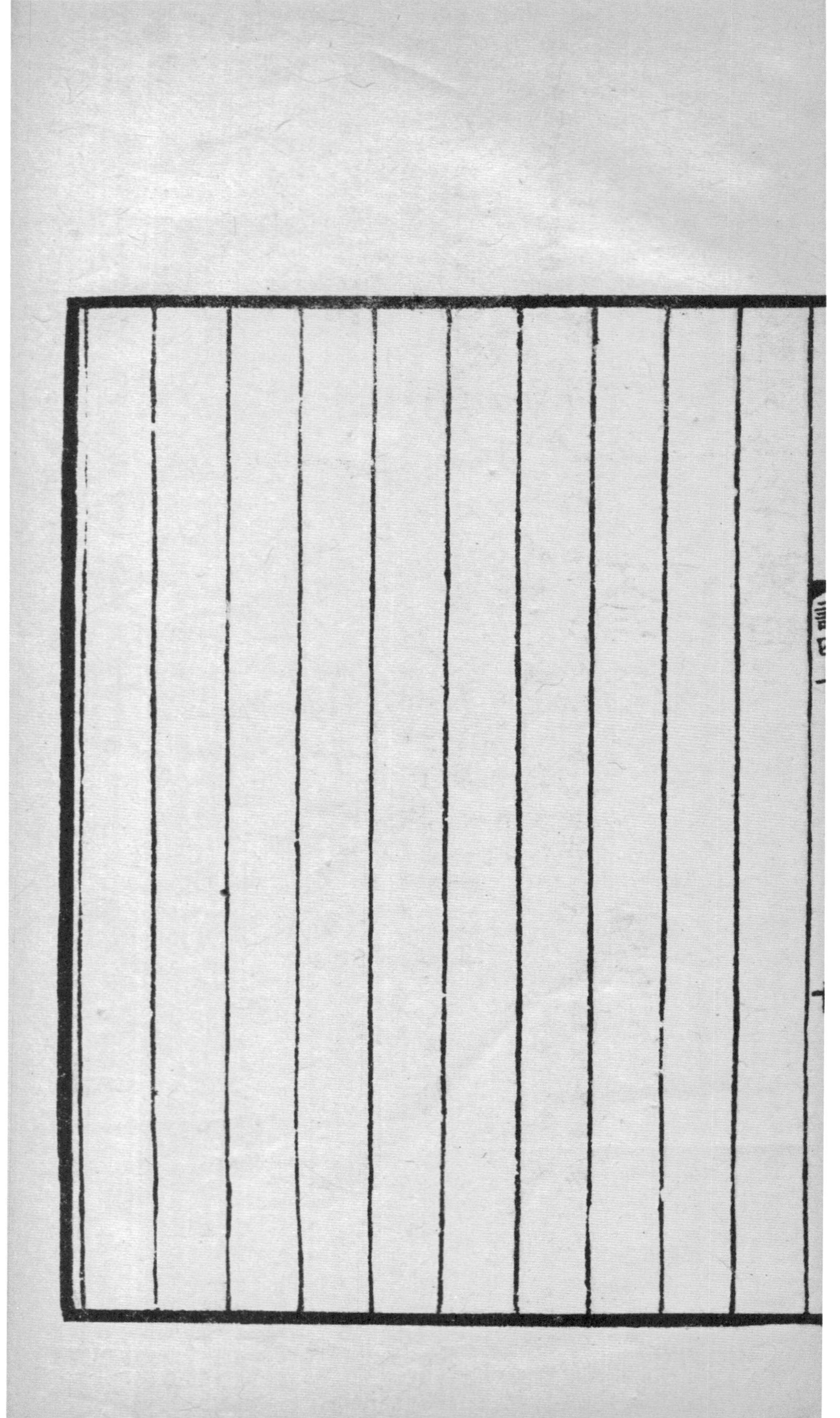

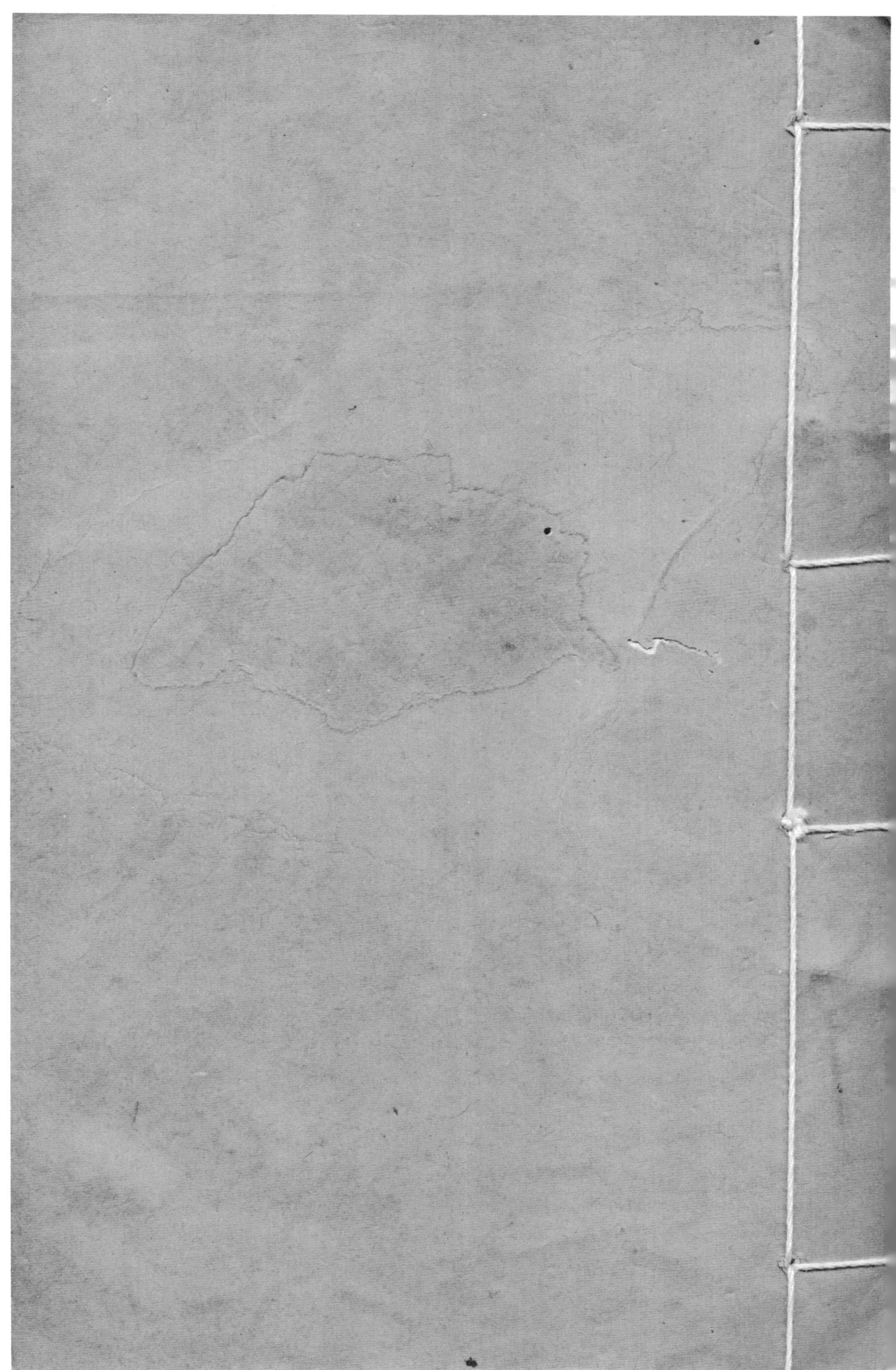

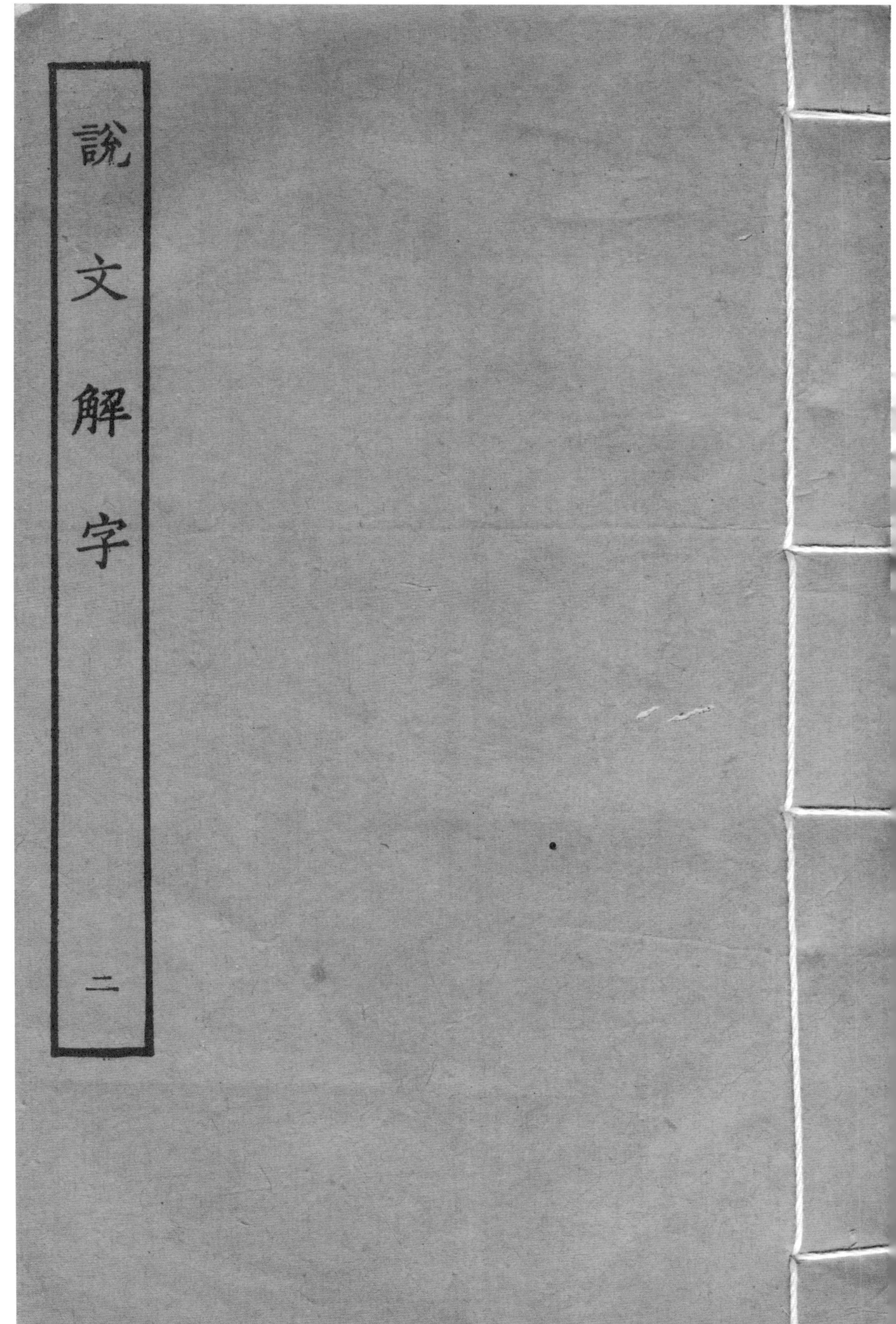
說文解字
二

華篆譌當作華 孫本不誤

說文解字第四下　漢太尉祭酒許氏記

銀青光祿大夫守右散騎常侍上柱國東海縣開國子食邑五百戶臣徐鉉等奉

敕校定

華　箕屬所以推棄之器也象形凡華之屬皆从華官溥說 北潘切

畢　田罔也从華象畢形微也或曰由聲臣鉉等曰由音弗 畢吉切

糞　棄除也从廾推華棄釆也官溥說似米而非米者矢字 方問切

棄　捐也从廾推華棄之从云云逆子也臣鉉等曰云他忽切 詰利切　弃 古文棄　𠔁 籒文棄

文四　重二

冓　交積材也象對交之形凡冓之屬皆从冓 古候切

再　一舉而二也从冓省 作代切

爯　并舉也从爪冓省 處陵切

文三

幺 小也象子初生之形凡幺之屬皆从幺 於堯切

幼 少也从幺从力 伊謬切

文二

麼 細也从幺麻聲 亡果切

文一 新附

𢆶 微也从二幺凡𢆶之屬皆从𢆶 於虯切

幽 隱也从山中𢆶𢆶亦聲 於虯切

幾 微也殆也从𢆶从戍戍兵守也𢆶而兵守者危也 居衣切

文三

叀 專小謹也从幺省屮屮財見也屮亦聲凡叀之屬皆从叀 職緣切

叀 古文叀

叀 亦古文叀

惠 仁也从心从叀 徐鍇曰為惠者心專也 胡桂切

惠 古文惠从芔

疐 礙不行也从叀引而止之也叀者如叀馬之鼻从此與牽同意 陟利切

文三 重三

玄 幽遠也黑而有赤色者為玄象幽而入覆之

旅篆譌當作㳺孫本亦誤

臣孫本同當作呂

𤔔篆譌當作𤔔孫本不誤

曰字衍孫本同

也凡玄之屬皆从玄胡涓切

𢆯古文玄 玆 黑也从二玄春秋傳曰何故使吾水玆子之切 文二 重一

玈 黑色也从玄旅省聲義當用黸洛乎切 文一 新附

予 推予也象相予之形凡予之屬皆从予余臣切

舒 伸也从舍从予予亦聲一曰舒緩也傷魚切 幻 相詐惑也从反予周書曰無或譸張爲幻胡辦切 文三

放 逐也从攴方聲凡放之屬皆从放甫妄切

敖 出游也从出从放五牢切 敫 光景流也从白从放讀若龠以灼切 文二

𠬪 物落上下相付也从爪从又凡𠬪之屬皆从𠬪讀若詩摽有梅平小切

爰 引也从𠬪从于籀文以爲車轅字羽元切 𤔔 治也幺子相亂𠬪治之也讀若亂同一曰理也徐鍇曰冂坰也界也郎段切 𤔔

兹孫本作鉉是也

壑篆譌當作⿰𣦼谷孫本不誤

歺古文譌⿰歺又孫本如此作

旻孫本作叟是也

古文𤔔

受 相付也从受舟省聲殖酉切

𤕦 撮也从受从已臣鉉等曰已者物也又爪掫取之指事力輟切

爭 引也从受丿臣鉉等曰丿音曳受二手也而曳之爭之道也側莖切

𢀩 所依據也从受工讀與隱同於謹切

寽 五指持也从受一聲讀若律呂戌切

𠭫 進取也从受古聲古覽切

𣪘 籀文𠭫

𢼄 古文𠭫

文九 重三

𣦼 殘穿也从又从歺凡𣦼之屬皆从𣦼讀若殘昨干切

㕡 溝也从𣦼从谷讀若郝呼各切

壑 㕡或从土

⿲歺貝又 𣦼探堅意也从𣦼从貝貝堅寶也讀若概古代切

⿲歺井又 坑也从𣦼从井井亦聲疾正切

叡 深明也通也从𣦼从目从谷省以芮切

睿 古文叡

壡 籀文叡从土

文五 重三

歺 列骨之殘也从半冎凡歺之屬皆从歺讀若櫱岸之櫱 徐鍇曰冎剔肉置骨也歺殘骨也故从半冎臣鉉等曰義不應有中一秦刻石文有之五割切

𣦵 古文歺

⿰歺委 病也从歺委聲於為切

⿰歺昏 瞀也从歺昏聲呼昆切

殰 胎敗也从歺賣聲徒谷切

歾 終也从歺勿聲莫勃切

㱙 歾或从叟

⿰歺卒 大夫死曰⿰歺卒从歺卒聲子聿切

殊 死也从歺朱聲漢令曰蠻夷長有罪當殊之市朱切

于孫本作干是也

殟胎敗也从歺昷聲烏沒切殤不成人也人年十九至十六死爲長殤十五至十二死爲中殤十一至八歲死爲下殤从歺傷省聲式陽切

殂往死也从歺且聲虞書曰勛乃殂昨胡切𣦸古文殂从歺从作殛殊也从歺亟聲虞書曰殛鯀于羽山已力切殪死也从歺壹聲於計切𡔛古文殪从死𣨆死宋䈞也从歺莫聲莫各切殯死在棺將遷葬柩賓遇之从歺从賓賓亦聲夏后殯於阼階殷人殯於兩楹之間周人殯於賓階必刃切肂瘞也从歺隶聲羊至切殣道中死人人所覆也从歺堇聲詩曰行有死人尚或殣之渠吝切殠腐气也从歺臭聲尺救切殨爛也从歺貴聲胡對切𣦼腐也从歺丂聲許久切朽𣦼或从木

殆危也从歺台聲徒亥切殃咎也从歺央聲於良切殘賊也从歺戔聲昨干切殄盡也从歺㐱聲徒典切𠧟古文殄如此殲微盡也从歺韱聲春秋傳曰齊人殲于遂子廉切殫殛盡也从歺單聲都寒切殬敗也从歺睪聲商書曰彝倫攸殬當故切㱻畜產疫病也从歺从羸郎果切𣩉殺羊出其胎也从歺豈聲五來切𣧑禽獸所食餘也从歺从肉昨干切殖脂膏久殖也从歺直聲常職切𣧲枯也从歺古聲若孤切𣩓棄也从歺奇聲俗語謂死曰大𣩓去其切

文三十二　重六

死澌也人所離也从歺从人凡死之屬皆从死息姊切

眩孫本作肱是也

内孫本作肉是也

吕孫本作口

𣦸古文死如此 薨公侯卒也从死瞢省聲呼眩切 薧死人里也从死蒿省聲呼毛切 𣨛戰見血曰傷亂或爲惛死而復生爲𣨛从死次聲咨四切

文四 重一

冎剔人肉置其骨也象形頭隆骨也凡冎之屬皆从冎古瓦切

㓵分解也从冎从刀憑列切 𤕤別也从冎卑聲讀若罷府移切

文三

骨肉之覈也从冎有内凡骨之屬皆从骨古忽切

髑髑髏頂也从骨蜀聲徒谷切 髏髑髏也从骨婁聲洛侯切 髆肩甲也从骨尃聲補各切 髃肩前也从骨禺聲午吕切 骿并脅也从骨并聲晉文公骿脅臣鉉等曰骿胼字同今別作胼非部田切 髀股也从骨卑聲并弭切 𩨨古文髀 髁髀骨也从骨果聲苦臥切 𩪪臀骨也从骨厥聲居月切 髖髀上也从骨寬聲苦官切 髕厀耑也从骨賓聲毗忍切 䯏骨耑也从骨昏聲古活切 䯣厀脛間骨也从骨貴聲丘媿切 骹脛也从骨交聲口交切 骭骹也从骨干聲

頯 孫本作頯是也
也 孫本作㐁是也
口 孫本作口是也

古案切 骸 脛骨也。从骨亥聲。戶皆切 髓 骨中脂也。从骨隓聲。息委切 ⿰骨易 骨間黃汁也。从骨易聲。讀若易曰夕惕若厲。他歷切

體 總十二屬也。从骨豊聲。他禮切 髍 㾊病也。从骨麻聲。莫鄱切 骾 食骨留咽中也。从骨𡙁聲。古杏切 骼 禽獸之骨曰骼。从骨各聲。古覈切

骴 鳥獸殘骨曰骴。骴，可惡也。从骨此聲。明堂月令曰：掩骼薶骴。骴或从肉。資四切 骫 骨耑骫奊也。从骨丸聲。於詭切

𩩶 骨擿之可會髮者。从骨會聲。詩曰：𩩶弁如皇。古外切

文二十五 重一

肉 胾肉。象形。凡肉之屬皆从肉。如六切

腜 婦始孕腜兆也。从肉某聲。莫桮切 肧 婦孕一月也。从肉不聲。匹桮切 胎 婦孕三月也。从肉台聲。土來切 肌 肉也。从肉几聲。居夷切

臚 皮也。从肉盧聲。力居切 膚 籒文臚 肫 面頯也。从肉屯聲。章倫切 ⿰肉幾 頰肉也。从肉幾聲。讀若畿。居衣切

脣 口耑也。从肉辰聲。食倫切 頋 古文脣从頁 脰 項也。从肉豆聲。徒候切 肓 心上鬲下也。从肉亡聲。春秋傳曰：病在肓之下。呼光切

腎 水藏也。从肉臤聲。時忍切 肺 金藏也。从肉巿聲。芳吠切 脾 土藏也。从肉卑聲。符支切 肝 木藏也。从肉干聲。古寒切

膽 連肝之府。从肉詹聲。都敢切 胃 穀府也。从肉𡿺，象形。云貴切 脬 膀光也。从肉孚聲。匹交切 腸 大小腸也。从肉易聲

各據本作洛

直良切 膏 肥也从肉高聲古勞切 肪 肥也从肉方聲甫良切 膺 胷也从肉雁聲於陵切 肊 胷骨也从肉乙聲於
力切 臆 肊或从意 背 脊也从肉北聲補妹切 脅 兩膀也从肉劦聲虛業切 膀 脅也从肉旁聲步光切 髈
膀或从骨 脟 脅肉也从肉寽聲一曰脟腸間肥也一曰膫也力輟切 肋 脅骨也从肉力聲盧則切 胂 夾脊肉也从肉申聲
矢人切 脢 背肉也从肉每聲易曰咸其脢莫桮切 肩 髆也从肉象形古賢切 肩 俗肩从戶 胳 亦下也从肉各聲古
各切 胠 亦下也从肉去聲去劫切 臂 手上也从肉辟聲卑義切 臑 臂羊矢也从肉需聲讀若襦那到切 肘 臂節也从
肉从寸寸手寸口也陟柳切 齎 肶齎也从肉齊聲徂兮切 腹 厚也从肉复聲方六切 腴 腹下肥也从肉臾聲羊朱切
脽 尻也从肉隹聲示隹切 肤 孔也从肉決省聲讀若決水之決古穴切 胯 股也从肉夸聲苦故切 股 髀也从肉
殳聲公戶切 腳 脛也从肉卻聲居勺切 脛 胻也从肉巠聲胡定切 胻 脛耑也从肉行聲戶更切 腓 脛腨也从肉非
聲符飛切 腨 腓腸也从肉耑聲市沇切 胑 體四胑也从肉只聲章移切 肢 胑或从支 胲 足大指毛也从肉亥聲古
哀切 肖 骨肉相似也从肉小聲不似其先故曰不肖也私妙切 胤 子孫相承續也从肉从八象其長也从幺象重累也羊晉切 胄

戍孫本作戌是也

古文胤 胄 胤也从肉由聲直又切 肸 振肸也从肉八聲許訖切 膻 肉膻也从肉亶聲詩曰膻裼暴虎徒旱切 䐢
益州鄙言人盛諱其肥謂之䐢从肉襄聲如兩切 臞 少肉也从肉瞿聲其俱切 脫 消肉臞也从肉
兌聲徒活切 脙 齊人謂臞脙也从肉求聲讀若休止巨鳩切 臠 臞也从肉䜌聲一曰切肉臠也詩曰棘人臠臠兮力沇切 膌
瘦也从肉脊聲資昔切 𤻍 古文膌从疒从朿朿亦聲 脀 騃也从肉丞聲讀若丞署陵切 胗 脣瘍也从肉㐱聲之忍切 疹
籒文胗从疒 腄 瘢胝也从肉垂聲竹垂切 胝 腄也从肉氐聲竹尼切 肬 贅也从肉尤聲羽求切 䵫 籒文肬从黑
肒 搔生創也从肉丸聲胡岸切 腫 癰也从肉重聲之隴切 胅 骨差也从肉失聲讀與跌同徒結切 脪 創肉反出
也从肉希聲香近切 𦙍 瘢也从肉引聲一曰遽也羊晉切 臘 冬至後三戍臘祭百神从肉巤聲盧盍切 膢 楚俗以二月祭飲食也从
肉婁聲一曰祈穀食新曰離膢力俱切 脁 祭也从肉兆聲土了切 胙 祭福肉也从肉乍聲臣鉉等曰今俗别作祚非是昨誤切 隋
裂肉也从肉从隓省徒果切 膳 具食也从肉善聲常衍切 腬 嘉善肉也从肉柔聲耳由切 肴 啖也从肉爻聲徐鍇曰謂已修
庖之可食也胡茅切 腆 設膳腆腆多也从肉典聲他典切 𧷚 古文腆 腯 牛羊曰肥豕曰腯从肉盾聲他骨切 [illegible] 肥肉

臣孫本作巨是也

也从肉必聲蒲結切 胡 牛顄垂也从肉古聲戶孤切 胘 牛百葉也从肉弦省聲胡田切 膍 牛百葉也从肉𣬉聲一曰鳥膍胵房脂切

肶 膍或从比 胵 鳥胃也从肉至聲一曰胵五藏總名也處脂切 膘 牛脅後髀前合革肉也从肉㶾聲讀若繇敷紹切 ⿰肉帥

血祭肉也从肉帥聲吕戌切 膟 ⿰肉帥或从率 膫 牛腸脂也从肉尞聲詩曰取其血膫洛蕭切 膋 膫或从勞省聲 脯 乾肉也从

肉甫聲方武切 脩 脯也从肉攸聲息流切 膎 脯也从肉奚聲戶皆切 脼 膎肉也从肉兩聲良奬切 膊 薄脯膊之屋上

从肉尃聲匹各切 脘 胃府也从肉完聲讀若患舊云脘古卵切 朐 脯挺也从肉句聲其俱切 膴 無骨腊也楊雄說鳥腊也从肉

無聲周禮有膴判讀若謨荒烏切 胥 蟹醢也从肉疋聲相居切 腒 北方謂鳥腊曰腒从肉居聲傳曰堯如腊舜如腒九魚切 肍

孰肉醬也从肉九聲讀若舊臣鳩切 䐹 乾魚尾䐹䐹也从肉肅聲周禮有腒䐹所鳩切 腝 有骨醢也从肉耎聲人移切 臡 腝或

从難 脠 生肉醬也从肉延聲丑連切 ⿰肉否 豕肉醬也从肉否聲薄口切 胹 爛也从肉而聲如之切 ⿰肉員 切孰肉內於血中和

也从肉員聲讀若遜穌本切 胜 犬膏臭也从肉生聲一曰不孰也桑經切 臊 豕膏臭也从肉喿聲穌遭切 膮 豕肉羹也

从肉堯聲許幺切 腥 星見食豕令肉中生小息肉也从肉从星星亦聲穌佞切 脂 戴角者脂無角者膏从肉旨聲旨夷切

記孫本作肥是也
單孫本作革是也
占孫本作古是也
二然字孫本同當作肰
眤孫本作昵

⿰月貨 ⿱𦥯月也从肉貨省聲穌果切 膩 上記也从肉貳聲女利切 膜 肉間胲膜也从肉莫聲慕各切 䐞 肉表單裏也从肉弱聲

而勺切 臛 肉羹也从肉隺聲呼各切 膹 臛也从肉賁聲房吻切 臇 臛也从肉雋聲讀若纂子沇切 𤎩 臇或从火巽

胾 大臠也从肉𢦔聲側吏切 䐑 薄切肉也从肉枼聲直葉切 膾 細切肉也从肉會聲占外切 腌 漬肉也从肉奄聲於業切

脃 小耎易斷也从肉从絕省此芮切 膬 耎易破也从肉毳聲七絕切 散 雜肉也从肉𢽳聲穌旰切 膞 切肉也从肉專聲市沇切

腏 挑取骨間肉也从肉叕聲讀若詩曰啜其泣矣陟劣切 胏 食所遺也从肉仕聲易曰噬乾胏阻史切 𦙴 楊雄說胏从𠂔

⿰月臽 食肉不猒也从肉臽聲讀若陷戶猪切 肰 犬肉也从犬肉讀若然如延切 𦜵 古文然 𤉲 亦古文然 䐜 起也

从肉真聲昌真切 䏙 肉汁滓也从肉冘聲他感切 膠 眤也作之以皮从肉翏聲古肴切 𣎆 或曰嘼名象形闕郎果切

胆 蠅乳肉中也从肉且聲七余切 肙 小蟲也从肉口聲一曰空也烏玄切臣鉉等曰口音韋 腐 爛也从肉府聲扶雨切

肎 骨間肉肎肎箸也从肉从冎省一曰骨無肉也苦等切 𠕎 古文肎 肥 多肉也从肉从卪臣鉉等曰肉不可過多故从卪符非切

文一百四十　重二十

笏篆譌當作䈥 孫本不誤

死孫本作夗是也

筋孫本作筋是也

⿱⺮肑孫本作筋是也

力孫本作方是也

⿰糹咢孫本作鍔是也

剧篆譌當作剧 孫本不誤

刀孫本作力是也

䏿 肥腸也从肉啓省聲康禮切 朘 赤子陰也从肉夋聲或从血子回切 腔 內空也从肉从空空亦聲苦江切 朐 朐肕蟲名漢中有朐肕縣地下多此蟲因以為名从肉句聲考其義當作潤蠢如順切 肕 朐肕也从肉忍聲尺尹切 文五 新附

筋 肉之力也从力从肉从竹竹物之多筋者凡筋之屬皆从筋 居銀切

䈥 筋之本也从筋从死省聲渠建切 腱 䈥或从建 ⿱⺮⿰月勺 手足指節鳴也从筋省勺聲北角切 肑 筋或省竹

文三 重三

刀 兵也象形凡刀之屬皆从刀 都牢切

⿰缶刀 刀握也从刀缶聲力九切 ⿰咢刀 刀劒刃也从刀咢聲臣鉉等曰今俗作⿰糹咢非是五各切 ⿰⿱丯刀各 籒文⿰咢刀从㓞从各 削 鞞也一曰析也从刀肖聲息約切 ⿰句刀 鎌也从刀句聲古矦切 剴 大鎌也一曰摩也从刀豈省聲五來切 剞 剞剧曲刀也从刀奇聲居綺切 剧 剞剧也从刀屈聲九勿切 利 銛也从刀和然後利从和省易曰利者義之和也力至切 𥝢 古文利 剡 銳利也从刀炎聲

桮孫本作掊
把段謂各本皆誤應作杷
二剌字均應作刺孫本亦誤

从冉切

初 始也从刀从衣裁衣之始也 楚居切

前 齊斷也从刀歬聲 子善切

則 等畫物也从刀从貝貝古之物貨也 子德切

𠟭 古文則

劃 亦古文則

鼎則 籀文則从鼎

剛 彊斷也从刀岡聲 古郎切

㓻 古文剛如此

剬 斷齊也从刀耑聲 旨兖切

劊 斷也从刀會聲 古外切

切 刌也从刀七聲 千結切

刌 切也从刀寸聲 倉本切

⿰辥刂 斷也从刀辥聲 私列切

刉 劃傷也从刀气聲 一曰斷也 又讀若磑 一曰刀不利於瓦石上刉之 古外切

劌 利傷也从刀歲聲 居衞切

刻 鏤也从刀亥聲 苦得切

副 判也从刀畐聲 周禮曰副辜祭 芳逼切

疈 籀文副

剖 判也从刀咅聲 浦后切

辦 判也从刀辡聲 蒲莧切

判 分也从刀半聲 普半切

剫 判也从刀度聲 徒洛切

刳 判也从刀夸聲 苦孤切

列 分解也从刀𡿪聲 良薛切

刊 剟也从刀干聲 苦寒切

剟 刊也从刀叕聲 陟劣切

删 剟也从刀冊冊書也 所姦切

劈 破也从刀辟聲 普擊切

剝 裂也从刀从录录刻割也录亦聲 北角切

𠞞 剝或从卜

割 剝也从刀害聲 古達切

𠜞 剝也劃也从刀𠩺聲 里之切

劃 錐刀曰劃从刀从畫畫亦聲 呼麥切

劀 刮去惡創肉也从刀矞聲 周禮曰劀殺之齊 古鎋切

劑 齊也从刀从齊齊亦聲 在詣切

剈 挑取也从刀肙聲 一曰窒也 烏玄切

刷 刮也从刀㕞省聲 禮布刷巾 所劣切

刮 桮把也从刀昏聲 古八切

剽 砭剌也从刀㶾聲 一曰剽劫人也 匹妙切

刲 剌也从刀

釗篆譌當作釗 孫本不誤

二刺字均當作刺 孫本亦誤
二朿字均當作朿 孫本亦誤

圭聲易曰士刲羊 苦圭切

剉 折傷也从刀坐聲 麤臥切

剿 絕也从刀喿聲 周書曰天用剿絕其命 子小切

刖 絕也从刀月聲 魚厥切

刜 擊也从刀弗聲 分勿切

⿰桼刂 傷也从刀桼聲 親結切

劖 斷也从刀毚聲 一曰剽也釗也 鉏銜切

刓 剸也从刀元聲 一曰齊也 五丸切

釗 刓也从刀从金 周康王名 止遙切

制 裁也从刀从未 未物成有滋味可裁斷 一曰止也 征例切

⿰未刂 古文制

⿰占刂 缺也从刀占聲 詩曰白圭之⿰占刂 丁念切

罰 辠之小者从刀从詈 未以刀有所賊但持刀罵詈則應罰 房越切

刵 斷耳也从刀从耳 仍吏切

劓 刑鼻也从刀臬聲 易曰天且劓 魚器切

劓 劓或从鼻

刑 剄也从刀幵聲 戶經切

剄 刑也从刀巠聲 古零切

⿰尊刂 減也从刀尊聲 茲損切

魝 楚人謂治魚也从刀从魚 讀若鍥 古屑切

券 契也从刀𡘜聲 券別之書以刀判契其旁故曰契券 去願切

刺 君殺大夫曰刺 刺直傷也从刀从朿 朿亦聲 七賜切

剔 解骨也从刀易聲 他歷切

文六十二 重九

刎 剄也从刀勿聲 武粉切

剜 削也从刀宛聲 一丸切

劇 尤甚也从刀未詳 豦聲 渠力切

刹 柱也从刀未詳 殺省聲 初轄切

文四 新附

刃 堅也象刀有刃之形 凡刃之屬皆从刃 而振切

二契字孫本作㓞夫是也
夫孫本作夫是也
黠孫本作黠是也

技孫本作枝是也

子孫本作千是也

刅 傷也从刃从一楚良切 創 或从刀倉聲臣鉉等曰今俗别作瘡非是也 劒 人所帶兵也从刃僉聲居欠切 劔 籒文劒从刀

文三 重二

㓞 巧㓞也从刀丰聲凡㓞之屬皆从㓞恪八切

𡙇 齘契刮也从㓞夫聲一曰契畫堅也古黠切 栔 刻也从㓞从木苦計切

文三

丰 艸蔡也象艸生之散亂也凡丰之屬皆从丰讀若介古拜切

挌 技輅也从丰各聲古百切

文二

耒 手耕曲木也从木推丰古者垂作耒梠以振民也凡耒之屬皆从耒盧對切

耕 犂也从耒井聲一曰古者井田古莖切 耦 耒廣五寸爲伐二伐爲耦从耒禺聲五口切 耤 帝耤子畒也古者使民如

冊又孫本同段氏謂當作冊又廣韻冊先立切引字統云插糞杷又爪字

借故謂之耤从耒昔聲秦昔切䎝冊又可以劃麥河內用之从耒圭聲古攜切䅳除苗間穢也从耒員聲羽文切耘䅳或从芸

耡商人七十而耡耡耤稅也从耒助聲周禮曰以興耡利萌牀倨切

文七　重一

角獸角也象形角與刀魚相似凡角之屬皆从角　古岳切

𧤝揮角皃从角雚聲梁隱縣有𧤝亭又讀若繕況袁切觻角也从角樂聲張掖有觻得縣盧谷切䚡角中骨也从角思聲穌來切觠曲角也从角𢍏聲巨員切觬角觬曲也从角兒聲西河有觬氏縣斫啓切觢一角仰也从角㓞聲易曰其牛觢角臣鉉等當从契省乃得聲尺制切觭角一俛一仰也从角奇聲去奇切觓角皃从角丩聲詩曰兕觵其觓渠幽切⿰角畏角曲中也从角畏聲烏賄切⿰角爿角長皃从角爿聲士角切⿰角厥角有所觸發也从角厥聲居月切觸抵也从角蜀聲尺玉切觲用角低仰便也从羊牛角詩曰觲觲角弓息營切⿰角公舉角也从角公聲古雙切觷治角也从角學省聲胡角切衡牛觸橫大本其角从角从大行聲詩曰設其福衡戶庚切⿱囟大古文衡如此⿰角耑角⿰角耑獸也狀似豕角善為

斫孫氏本同當作研

等下奪曰字孫本同

本孫本作木是也

外孫本作升是也

⿰食酋孫本作⿰角酋亦誤毛本作鰌是也

弓出胡休多國从角耑聲多官切觰觰拏獸也从角者聲一曰下大者也陟加切觤羊角不齊也从角危聲過委切觟牝牂羊生

角者也从角圭聲下瓦切觡骨角之名也从角各聲古百切觜鴟舊頭上角觜也一曰觜觿也从角此聲遵爲切解判也从刀

判牛角一曰解廌獸也佳買切又戶賣切觿佩角銳耑可以解結从角巂聲詩曰童子佩觿戶圭切觵兕牛角可以飲者也从角黃聲

其狀觵觵故謂之觵古橫切觥俗觵从光觶鄉飲酒角也禮曰一人洗舉觶觶受四升从角單聲臣鉉等曰當从戰省乃得聲之義切

䚐觶或从辰觗禮經觶觛小觶也从角旦聲徒旱切觴觶實曰觴虛曰觶从角煬省聲式陽切𧢼籀文觴从

爵省觚鄉飲酒之爵也一曰觴受三外者謂之觚从角瓜聲古乎切𧣒角上也从角亘聲讀若讙臣鉉等曰亘音宣俗作古鄧切篆文有異

況袁切⿰角敫杖耑角也从角敫聲胡狄切觼環之有舌者从角夐聲古穴切鐍觼或从金矞⿰角弓調弓也从角弱省聲於

角切𧤺惟射收繁具也从角發聲方肺切⿰角酋惟射收繳具从角酋聲讀若⿰食酋字秋切觳盛觵巵也一曰射具从角㱿聲讀若斛

胡谷切觱羌人所吹角屠觱以驚馬也从角𤍽聲𤍽古文誖字卑吉切

文三十九　重六

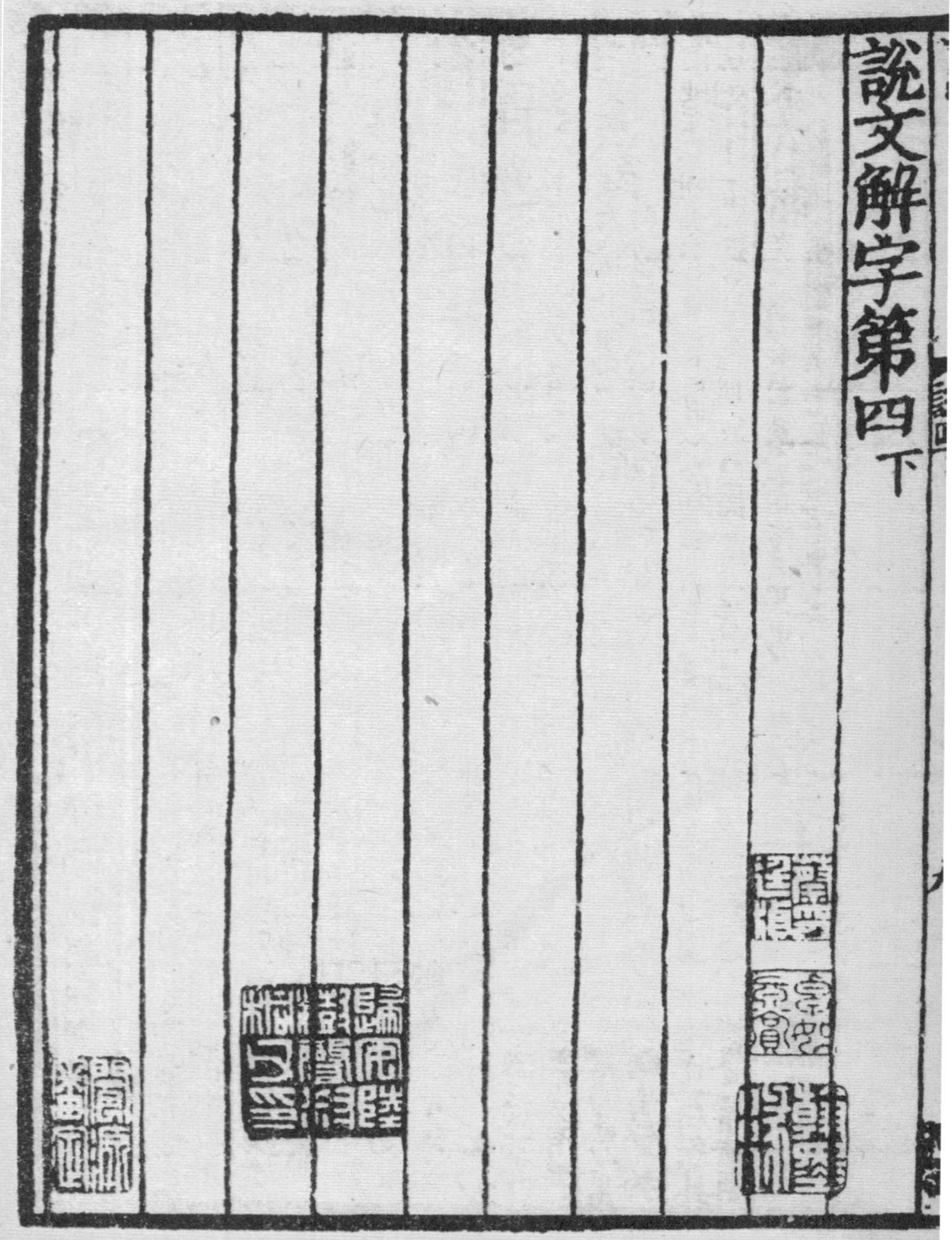

說文解字第四下

蓁孫本作綦是也

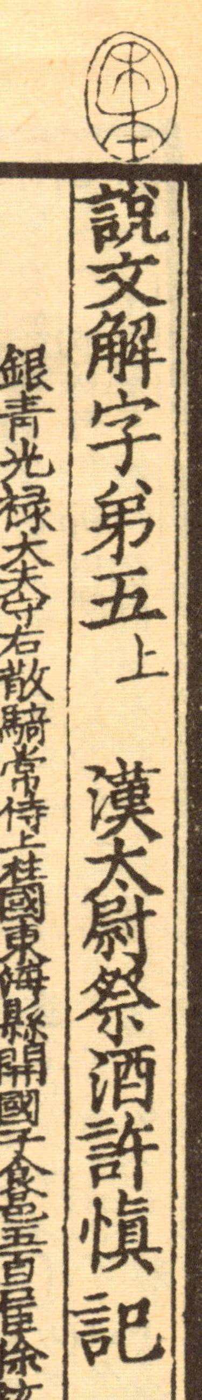

說文解字弟五上　漢太尉祭酒許慎記

銀青光祿大夫守右散騎常侍上柱國東海縣開國子食邑五百戶臣徐鉉等奉

敕校定

六十三部　五百二十七文　重百二十二

凡七千二百七十三字

文十五新附

𥫗冬生艸也象形下垂者箁箬也凡竹之

屬皆从竹　陟玉切

箭 矢也从竹歬聲子賤切 箘 箘簬也从竹囷聲一曰博棊也渠隕切 簬 箘簬也从竹路聲夏書曰惟箘簬楛洛故切 簵 古文簬从輅 筱 箭屬小竹也从竹攸聲先杳切 簜 大竹也从竹湯聲夏書曰瑤琨筱簜簜可爲榦筱可爲

兀孫本作亢是也
宮孫本作官是也

矢徒朗切
⿱竹微 竹也从竹微聲無非切
⿱竹𢼸 籀文从微省
筍 竹胎也从竹旬聲思允切
𥰡 竹萌也从竹怠聲徒哀切
箁 竹箬也从竹音聲薄侯切
箬 楚謂竹皮曰箬从竹若聲而勺切
節 竹約也从竹即聲子結切
筡 折竹笢也从竹余聲讀若絮同都切
⿱竹臱 箅也从竹臱聲武移切
笢 竹膚也从竹民聲武盡切
笨 竹裏也从竹本聲布忖切
䈵 竹皃从竹翁聲烏紅切
篸 差也从竹參聲所今切
篆 引書也从竹彖聲持兖切
籀 讀書也从竹擂聲春秋傳曰卜籀云直又切
篇 書也一曰關西謂榜曰篇从竹扁聲芳連切
籍 簿書也从竹耤聲秦昔切
篁 竹田也从竹皇聲戶光切
⿱竹將 剖竹未去節謂之⿱竹將从竹將聲即兩切
⿱竹枼 籥也从竹枼聲与接切
籥 書僮竹笘也从竹龠聲以灼切
⿱竹劉 竹聲也从竹劉聲力求切
簡 牒也从竹閒聲古限切
笐 竹列也从竹兀聲古郎切
篰 滿爰也从竹部聲薄口切
等 齊簡也从竹从寺寺宮曹之等平也多肯切
笵 法也从竹竹簡書也氾聲古法有竹刑防𢘫切
箋 表識書也从竹戔聲則前切
符 信也漢制以竹長六寸分而相合从竹付聲防無切
筮 易卦用蓍也从竹从𢍰𢍰古文巫字時制切
笄 簪也从竹幵聲古兮切
⿱竹𦣝 取蟣比也从竹𦣝聲居之切
籆 收絲者也从竹蒦聲王縛切
𧣠 籆或从角从閒
筳 維絲筦也从竹廷聲特丁切
筦 筟也从竹完聲古滿切

簾篆譌當作簾孫本不誤

文孫本作丈是也

此作筲与今本方言同玉篇筲為䈰之重文孫本作䈰

筟 筳也从竹孚聲讀若春秋魯公子彄芳無切 笮 迫也在瓦之下棼上从竹乍聲阻厄切 簾 堂簾也从竹廉聲力鹽切

簀 牀棧也从竹責聲阻厄切 笫 牀簀也从竹𠂔聲阻史切 筵 竹席也从竹延聲周禮曰度堂以筵筵一丈以然切 簟 竹席也从竹覃聲徒念切 籧 籧篨粗竹席也从竹遽聲彊魚切 篨 籧篨也从竹除聲直魚切 籭 竹器也可以取粗去細从竹麗聲所宜切 籓 大箕也从竹潘聲一曰蔽也甫煩切 籅 漉米籔也从竹奥聲於六切 籔 炊䉛也从竹數聲蘇后切 箅 蔽也所以蔽甑底从竹畀聲必至切 䈰 飯筥也受五升从竹稍聲秦謂筥曰䈰山樞切 ⿱竹捎 陳留謂飯帚曰⿱竹捎从竹捎聲一曰飯器容五升一曰宋魏謂箸筩爲筲所交切 筥 䈰也从竹呂聲居許切 笥 飯及衣之器也从竹司聲相吏切 簞 笥也从竹單聲漢律令簞小筐也傳曰簞食壺漿都寒切 簁 簁箄竹器也从竹徙聲所綺切 箄 簁箄也从竹卑聲并弭切 篿 圜竹器也从竹專聲度官切 箸 飯攲也从竹者聲陟慮切又遲倨切 簍 竹籠也从竹婁聲洛侯切 筤 籃也从竹良聲盧黨切 籃 大篝也从竹監聲魯甘切 古文籃如此 篝 客也可熏衣从竹冓聲宋楚謂竹篝牆以居也古侯切 笿 桮笿也从竹各聲盧各切 𥲀 桮笿也从竹夅聲或曰盛箸籠古送切 籢 鏡籢也从竹斂聲力鹽切 䉛 竹器也从竹贊聲讀若纂一曰叢作管切 籯 笭也

筩孫本作筩是也

七孫本作土是也

从竹贏聲以成切 𥳎竹器也从竹刪聲蘇旰切 簋黍稷方器也从竹从皿从皀居洧切 𠥓古文簋从匚飢 匭古文簋 䡋古文簋或

从軌 杭亦古文簋 簠黍稷圜器也从竹从皿甫聲方矩切 医古文簠从匚从夫 籩竹豆也从竹邊聲布玄切

𢀎籒文籩 𥬘篅也从竹屯聲徒損切 篅以判竹圜以盛穀也从竹耑聲市緣切 簏竹高篋也从竹鹿聲盧谷切

籙簏或从录 簜大竹筩也从竹昜聲徒朗切 筩斷竹也从竹甬聲徒紅切 箯竹輿也从竹便聲旁連切 笯鳥籠

也从竹奴聲乃故切 竿竹梃也从竹干聲古寒切 籱罩魚者也从竹靃聲竹角切 篧籱或省 箇竹枚也从竹固聲古

賀切 筊竹索也从竹交聲胡茅切 筰筊也从竹作聲在各切 ⿰竹沾蔽絮簣也从竹沾聲讀若錢昨鹽切 箑扇也从竹

疌聲山洽切 䈉箑或从妾 籠舉土器也一曰笭也从竹龍聲盧紅切 ⿱竹襄褱也从竹襄聲如兩切 ⿱竹互可以收繩也从竹象

形中象人手所推握也胡誤切 互⿱竹互或省 簝宗廟盛肉竹器也从竹寮聲周禮供盆簝以待事洛蕭切 ⿱竹豦飲牛筐也从竹

豦聲方曰筐圜曰篆居許切 篼飲馬器也从竹兜聲當侯切 籚積竹矛戟矜也从竹盧聲春秋國語曰朱儒扶籚洛乎切 箝

籋也从竹拑聲巨淹切 籋箝也从竹爾聲臣鉉等曰爾非聲未詳尼輒切 簦笠蓋也从竹登聲都滕切 笠簦無柄也从竹立聲

失孫本作矢是也

占孫本作古是也

攴孫本作支是也

刀入切箱大車牝服也从竹相聲息良切篚車笭也从竹匪聲敷尾切笭車笭也从竹令聲一曰笭籯也郎丁切䈙

搔馬也从竹剡聲丑廉切策馬箠也从竹朿聲楚革切箠擊馬也从竹垂聲之壘切簻箠也从竹朵聲陟瓜切笍

羊車騶箠也箸箴其耑長半分从竹内聲陟衛切籣所以盛弩矢人所負也从竹闌聲洛干切箙弩矢箙也从竹服聲周禮

仲秋獻失箙房六切⿱竹朱棰擊也从竹朱聲陟輸切笘折竹箠也从竹占聲潁川人名小兒所書寫爲笘失廉切笪笞也从竹旦聲當

割切笞擊也从竹台聲丑之切籤驗也一曰銳也貫也从竹韱聲七廉切⿱竹殿搒也从竹殿聲臣鉉等曰當从臀省聲徒魂切箴

綴衣箴也从竹咸聲職深切箾以竿擊人也从竹削聲虞舜樂曰箾韶所角切又音簫竽管三十六簧也从竹亏聲羽俱切笙

十三簧象鳳之身也笙正月之音物生故謂之笙大者謂之巢小者謂之和从竹生聲占者隨作笙所庚切簧笙中簧也从竹黃聲古者

女媧作簧戶光切⿱竹是簧屬从竹是聲是攴切簫參差管樂象鳳之翼从竹肅聲穌彫切筒通簫也从竹同聲徒弄切

籟三孔龠也大者謂之笙其中謂之籟小者謂之箹从竹賴聲洛帶切箹小籟也从竹約聲於角切管如箎六孔十二月之

音物開地牙故謂之管从竹官聲古滿切琯古者玉琯以玉舜之時西王母來獻其白琯前零陵文學姓奚於伶道舜祠下得笙玉琯夫以玉作

音故神人以和鳳皇來儀也从玉官聲

篎 小管謂之篎从竹眇聲亡沼切

笛 七孔筩也从竹由聲羌笛三孔徐鍇曰當从胄省乃得聲徒歷切

筑 以竹曲五弦之樂也从竹从巩巩持之也竹亦聲張六切

箏 鼓弦竹身樂也从竹爭聲側莖切

箛 吹鞭也从竹孤聲古乎切

篍 吹筩也从竹秋聲七肖切

籌 壺矢也从竹壽聲直由切

簺 行棊相塞謂之簺从竹从塞塞亦聲先代切

簙 局戲也六箸十二棊也从竹博聲古者烏胄作簙補各切

篳 藩落也从竹畢聲春秋傳曰篳門圭窬卑吉切

籡 蔽不見也从竹愛聲烏代切

䉷 惟射所蔽者也从竹嚴聲語杴切

篽 禁苑也从竹御聲春秋傳曰澤之目篽魚舉切

魰 篽或从又魚聲

筭 長六寸計歷數者从竹从弄言常弄乃不誤也蘇貫切

算 數也从竹从具讀若筭蘇管切

笑 此字本闕臣鉉等案孫愐唐韻引說文云喜也从竹从犬而不述其義今俗皆从犬又案李陽冰刊定說文从竹从夭義云竹得風其體夭屈如人之笑未知其審私妙切

文百四十四　重十五

簃 閣邊小屋也从竹移聲說文通用誃弋支切

筠 竹皮也从竹均聲王春切

笏 公及士所搢也从竹勿聲案籀文作囙象形義云佩也古笏佩之此字後人所加呼骨切

篦 導也今俗謂之篦从竹毘聲邊兮切

篙 所以進船也从竹高聲古牢切

文五　新附

不孫本作木是也

奠篆譌當作八酉丌孫本不誤

箕簸也从竹𠀠象形下其丌也凡箕之屬皆从箕居之切

𠀠古文箕省　𠙶亦古文箕　𠔀亦古文箕　𥫒籀文箕　𠤳籀文箕

簸揚米去糠也从箕皮聲布火切

文二　重五

丌下基也薦物之丌象形凡丌之屬皆从丌讀若箕同居之切

𨔵古之遒人以不鐸記詩言从辵从丌丌亦聲讀與記同徐鍇曰遒人行而求之故从辵丌薦而進之於上也居吏切

典五帝之書也从冊在丌上尊閣之也莊都說典大冊也多殄切

𠔤古文典从竹

顨巽也从丌从頭此易顨卦爲長女爲風者臣鉉等曰頭之義亦選具也蘇困切

畀相付與之約在閣上也从丌甶聲必至切

巽具也从丌𢀳聲臣鉉等曰庶物皆具丌以薦之蘇困切

𢁉古文巽　巽篆文巽

奠置祭也从酋酋酒也下其丌也禮有奠祭者堂練切

文七　重三

王據本作正是也

左 手相左助也从𠂇工凡左之屬皆从左 則箇切臣鉉等曰今俗別作佐

差 貳也差不相值也从左从𠂹徐鍇曰左於事是不當值也初牙切又楚佳切 𢀩 籀文差从二 文二 重一

工 巧飾也象人有規榘也與巫同意凡工之屬皆从工 徐鍇曰爲巧必遵規矩法度然後爲工否則目巧也巫事無形失在於詭亦當遵規榘故曰與巫同意古紅切

𢒈 古文工从彡 式 法也从工弋聲賞職切 巧 技也从工丂聲苦絞切 巨 規巨也从工象手持之其呂切 榘 巨或从木矢矢者其中正也 𠀍 古文巨 文四 重三

㠭 極巧視之也从四工凡㠭之屬皆从㠭 知衍切

𡨄 窒也从㠭从廾窒宀中㠭猶齊也穌則切 文二

巫 祝也女能事無形以舞降神者也象人兩褎舞形與工同意古者巫咸初作巫凡巫之屬

甘部之甘篆首譌當作甘孫本不誤

曆篆譌應从段正作曆

麻麻應从段正作厤厤

从甘甘三字孫本作从甘从[illegible]韻會引作从甘匹當从段正

枕孫本作枕是也

代孫本同當作伐

曷篆譌當作曷孫本不誤

皆从巫 武扶切

𢍉 古文巫

覡 能齊肅事神明也在男曰覡在女曰巫从巫从見徐鍇曰能見神也 胡狄切

文二 重一

甘 美也从口含一一道也凡甘之屬皆从甘 古三切

甛 美也从甘从舌舌知甘者 徒兼切

曆 和也从甘从麻麻調也甘亦聲讀若函 古三切

猒 飽也从甘从肰 於鹽切

𤟠 猒或从㠯

甚 尤安樂也从甘从匹匹耦也 常枕切

𠤎 古文甚

文五 重二

曰 詞也从口乙聲亦象口气出也凡曰之屬皆从曰 王代切

𣍘 告也从曰从冊冊亦聲 楚革切

曷 何也从曰匃聲 胡葛切

曶 出气詞也从曰象气出形春秋傳曰鄭太子曶 呼骨切

𦣻 籀文曶一曰佩也象形

朁 曾也从曰兓聲詩曰朁不畏明臣鉉等曰今俗有昝字蓋朁之譌 七感切

沓 語多沓沓也从水从曰遼東有沓縣臣鉉等曰語多沓沓若水之流故从水會意 徒合切

𣍘 獄之兩曹也在廷東从棘治事者从曰徐鍇曰以言詞治獄也故从曰

甹篆譌當作甹孫本不誤
乞孫本作乞是也
寧孫本同當作寍

晧宰切

文七　重一

乃 曳詞之難也象气之出難凡乃之屬皆从乃奴亥切臣鉉等曰今隸書作乃

𠄎 古文乃

𢎗 籀文乃

鹵 驚聲也从乃省西聲籀文鹵不省或曰鹵往也讀若仍臣鉉等曰西非聲未詳如乘切

𠧪 古文鹵

逌 气行皃从乃鹵聲讀若攸以周切

文三　重三

丂 气欲舒出勹上礙於一也丂古文以爲亏字又以爲巧字凡丂之屬皆从丂苦浩切

甹 亟詞也从丂从由或曰甹俠也三輔謂輕財者爲甹臣鉉等曰由用也任俠用气也普丁切

寧 願詞也从丂寍聲奴丁切

丂 反丂也讀若呵虎何切

文四

可 肎也从口丂丂亦聲凡可之屬皆从可肯我切

万孫本作丂是也

万孫本作丂是也

万孫本作丂是也

奇 異也一曰不耦从大从可渠羈切 哿 可也从可加聲詩曰哿矣富人古我切 哥 聲也从二可古文以爲謌字古俄切 文四

叵 不可也从反可普火切 文一 新附

兮 語所稽也从丂八象气越亏也凡兮之屬皆从兮 胡雞切

㝁 驚辭也从兮旬聲思允切 𢗨 㝁或从心 羲 气也从兮義聲許羈切 乎 語之餘也从兮象聲上越揚之形也戶吳切

文四 重一

号 痛聲也从口在丂上凡号之屬皆从号 胡到切

號 呼也从号从虎乎刀切 文二

亏 於也象气之舒亏从丂从一一者其气平之也凡亏之屬皆从亏 羽俱切 今變隸作于

旨篆譌當作𠮛孫本不誤
稚孫本作雉

虧 气損也从亏雐聲 去爲切 虧 虧或从兮 粤 亏也審慎之詞者从亏从宷 周書曰粤三日丁亥 王伐切 吁 驚語也从口从亏亏亦聲 臣鉉等案口部有吁此重出 况于切 平 語平舒也从亏从八八分也爰禮說 符兵切 𠀤 古文平如此

文五 重二

旨 美也从甘匕聲凡旨之屬皆从旨 職雉切 𣅀 古文旨

嘗 口味之也从旨尚聲 市羊切

文二 重一

喜 樂也从壴从口凡喜之屬皆从喜 虛里切 𡔖 古文喜从欠與歡同 憙 說也从心从喜喜亦聲 許記切 嚭 大也从喜否聲春秋傳吳有太宰嚭 匹鄙切

文三 重一

壴 陳樂立而上見也从屮从豆凡壴之屬皆从壴 中句切

尌立也从壴从寸持之也讀若駐常句切鼜夜戒守鼓也从壴蚤聲禮昏鼓四通爲大鼓夜半三通爲戒晨旦明五通爲發明讀若戚倉歷切彭鼓聲也从壴彡聲臣鉉等曰當从形省乃得聲薄庚切嘉美也从壴加聲古牙切

文五

鼓郭也春分之音萬物郭皮甲而出故謂之鼓从壴支象其手擊之也周禮六鼓靁鼓八面靈鼓六面路鼓四面鼖鼓皋鼓晉鼓皆兩面凡鼓之屬皆从鼓徐鍇曰郭者覆冒之意工戸切

𪔅籒文鼓从古聲鼛大鼓也从鼓咎聲詩曰鼛鼓不勝古勞切鼖大鼓謂之鼖鼖八尺而兩面以鼓軍事从鼓賁省聲符分切鞼鼖或从革賁不省鼙騎鼓也从鼓卑聲部迷切鼕鼓聲也从鼓隆聲徒冬切鼘鼓聲也从鼓𣶒聲詩曰鼗鼓鼘鼘烏玄切鼞鼓聲也从鼓堂聲詩曰擊鼓其鼞土郎切𪔜鼓聲也从鼓合聲徒合切鞈古文𪔜从革𪔱鼓無聲也从鼓咠聲他叶切𪔮鼓鼙聲从鼓缶聲土盍切

文十　重三

豈 還師振旅樂也一曰欲也登也从豆微省聲凡豈之屬皆从豈 墟喜切

愷 康也从心豈豈亦聲 苦亥切

𧯛 訖事之樂也从豈幾聲臣鉉等曰說文無幾字从幾从气義無所取當是訖字之誤 亦渠稀切

文三

豆 古食肉器也从口象形凡豆之屬皆从豆 徒候切

𣅿 古文豆

梪 木豆謂之梪从木豆 徒候切

𧯞 蠡也从豆蒸省聲 居隱切

𧯠 豆屬从豆𡚁聲 居倦切

𧯝 豆飴也从豆夗聲 一丸切

𤼽 禮器也从廾持肉在豆上讀若鐙同 都滕切

文六 重一

豐 行禮之器也从豆象形凡豐之屬皆从豐讀與禮同 盧啓切

豑 爵之次弟也从豐从弟虞書曰平豑東作 直質切

文二

戈據本作戎是也

宁宁據本作宔宔是也

二字衍

豐　豆之豐滿者也从豆象形一曰鄉飲酒有豐侯者凡豐之屬皆从豐　敷戎切

䒠　古文豐

豔　好而長也从豐豐大也盍聲春秋傳曰美而豔　以贍切

文二　重一

䖒　古陶器也从豆虍聲凡䖒之屬皆从䖒　許羈切

䖓　土鍪也从䖒号聲讀若鎬　胡到切

䖔　器也从䖒宁宁亦聲闕　直呂切

文三

虍　虎文也象形凡虍之屬皆从虍　徐鍇曰象其文章屈曲也　荒烏切

虞　騶虞也白虎黑文尾長於身仁獸食自死之肉从虍吳聲詩曰于嗟乎騶虞　五俱切

虙　虎皃从虍必聲　房六切

虔　虎行皃从虍文聲讀若矜　臣鉉等曰文非聲未詳　渠焉切

虘　虎不柔不信也从虍且聲讀若鄌縣　昨何切

虖　哮虖也从虍乎聲　荒烏切

虐　殘也从虍虎足反爪人也　魚約切

𧆛　古文虐如此

虨　虎文彪也从虍彬聲　布還切

虡　鐘鼓之柎也飾為猛獸从虍異象其下足　其呂切

鐻　虡或从金豦聲

虞　篆文虡省

文九　重三

虎 山獸之君。从虍，虎足象人足。象形。凡虎之屬皆从虎。呼古切

𧆞 古文虎。

𧆨 亦古文虎。

[虎毄] 虎聲也。从虎毄聲。讀若隔。古覈切

[虎昔] 白虎也。从虎，昔省聲。讀若鼏。莫狄切

[虎去] 虎屬。从虎去聲。臣鉉等曰：去非聲，未詳。呼濫切

虪 黑虎也。从虎儵聲。式竹切

虦 虎竊毛謂之虦苗。从虎戔聲。竊，淺也。昨閑切

彪 虎文也。从虎，彡象其文也。甫州切

[虎乂] 虎皃。从虎乂聲。魚廢切

[虎气] 虎皃。从虎气聲。魚迄切

虓 虎鳴也。一曰師子。从虎九聲。許交切

[虎斤] 虎聲也。从虎斤聲。語斤切

虩 易：履虎尾虩虩。恐懼。一曰蠅虎也。从虎㣫聲。許隙切

虢 虎所攫畫明文也。从虎寽聲。古伯切

虒 委虒，虎之有角者也。从虎厂聲。息移切

[虎騰] 黑虎也。从虎騰聲。徒登切

文十五　重三

虣 虐也。急也。从虎从武。見周禮。薄報切

[虎兔] 楚人謂虎爲烏[虎兔]。从虎兔聲。同都切

文二　新附

虤 虎怒也。从二虎。凡虤之屬皆从虤。五閑切

[虤曰] 兩虎爭聲。从虤从曰。讀若憖。臣鉉等曰：曰，口气出也。語巾切

贙 分別也。从虤對爭貝。讀若迴。胡畎切

文三

皿篆譌當作皿孫本不譌

成字衍孫本無

曰孫本作臼是也

皿 飯食之用器也象形與豆同意凡皿之屬皆从皿讀若猛 武永切

盂 飯器也从皿亏聲羽俱切 盌 小盂也从皿夗聲烏管切 盛 黍稷在器中以祀者也从皿成聲氏征切 齍 黍稷在器以祀者从皿成齊聲即夷切 𥁒 小甌也从皿有聲讀若灰一曰若賄于救切 ⿱右皿 𥁒或从右 盧 飯器也从皿𥐂聲洛乎切 ⿱𠧪盧 籀文盧 ⿱古⿱缶皿 器也从皿从缶古聲公戶切 盄 器也从皿弔聲止遙切 盎 盆也从皿央聲烏浪切 㼜 盎或从瓦 盆 盎也从皿分聲步奔切 ⿱宁皿 器也从皿宁聲直呂切 盨 櫝盨負戴器也从皿須聲相庾切 ⿱漻皿 器也从皿漻聲古巧切 ⿱必皿 械器也从皿必聲彌畢切 醯 酸也作醯以鬻以酒从鬻酒並省从皿皿器也呼雞切 盉 調味也从皿禾聲戶戈切 益 饒也从水皿皿益之意也伊昔切 盈 滿器也从皿夃臣鉉等曰夃古乎切益多之義也古者以買物多得為夃故从夃以成切 盡 器中空也从皿𦘔聲慈刃切 盅 器虛也从皿中聲老子曰道盅而用之直弓切 盦 覆蓋也从皿酓聲臣鉉等曰今俗別作罯非是烏合切 ⿱囚皿 仁也从皿以食囚也官溥說烏渾切 盥 澡手也从曰水臨皿春秋傳曰奉匜沃盥古玩切 盪 滌器也从皿湯聲徒朗切

文二十五　重三

盋 盋器盂屬从皿犮聲或从金从本北末切　文一　新附

凵 凵盧飯器以柳爲之象形凡凵之屬皆从凵去魚切

笑 凵或从竹去聲　文一　重一

去 人相違也从大凵聲凡去之屬皆从去丘據切

朅 去也从去曷聲丘竭切　錂 去也从去夌聲讀若陵力膺切　文三

血 祭所薦牲血也从皿一象血形凡血之屬皆从血呼決切

衁 血也从血亡聲春秋傳曰士刲羊亦無衁也呼光切　衃 凝血也从血不聲芳桮切　𧖴 气液也从血𦘒聲將鄰切　𧖼 定息也从血甹省聲讀若亭特丁切　衄 鼻出血也从血丑聲女六切　盥 腫血也从血農省聲奴冬切　膿 俗盥从肉農聲

䘓 血醢也从血脓聲禮記有監醢以牛乾脯粱麴鹽酒也臣鉉等曰脓肉汁滓也故从脓脓亦聲他感切　𧖻 醢也从血菹聲側余切

切𧗴𧗴或从缶𧗳以血有所刏涂祭也从血幾聲渠稀切䘏憂也从血卩聲一曰鮮少也徐鍇曰皿者言憂之切至也辛聿切

衋傷痛也从血聿皕聲周書曰民冈不衋傷心許力切衉羊凝血也从血臽聲苦紺切𧗴衉或从贛盇覆也从血大臣鉉等曰大象盇覆之形胡臘切衊污血也从血蔑聲莫結切

文十五　重三

丶有所絕上丶而識之也凡丶之屬皆从丶卸庾切

主鐙中火主也从呈象形从丶丶亦聲臣鉉等曰今俗別作炷非是之庾切咅相與語唾而不受也从丶从否否亦聲天口切[illegible]音或从豆从欠

文三　重一

說文解字第五上

皿孫本作血是也

上孫本作止是也

卸孫本作知是也

呈孫本作𡈼是也

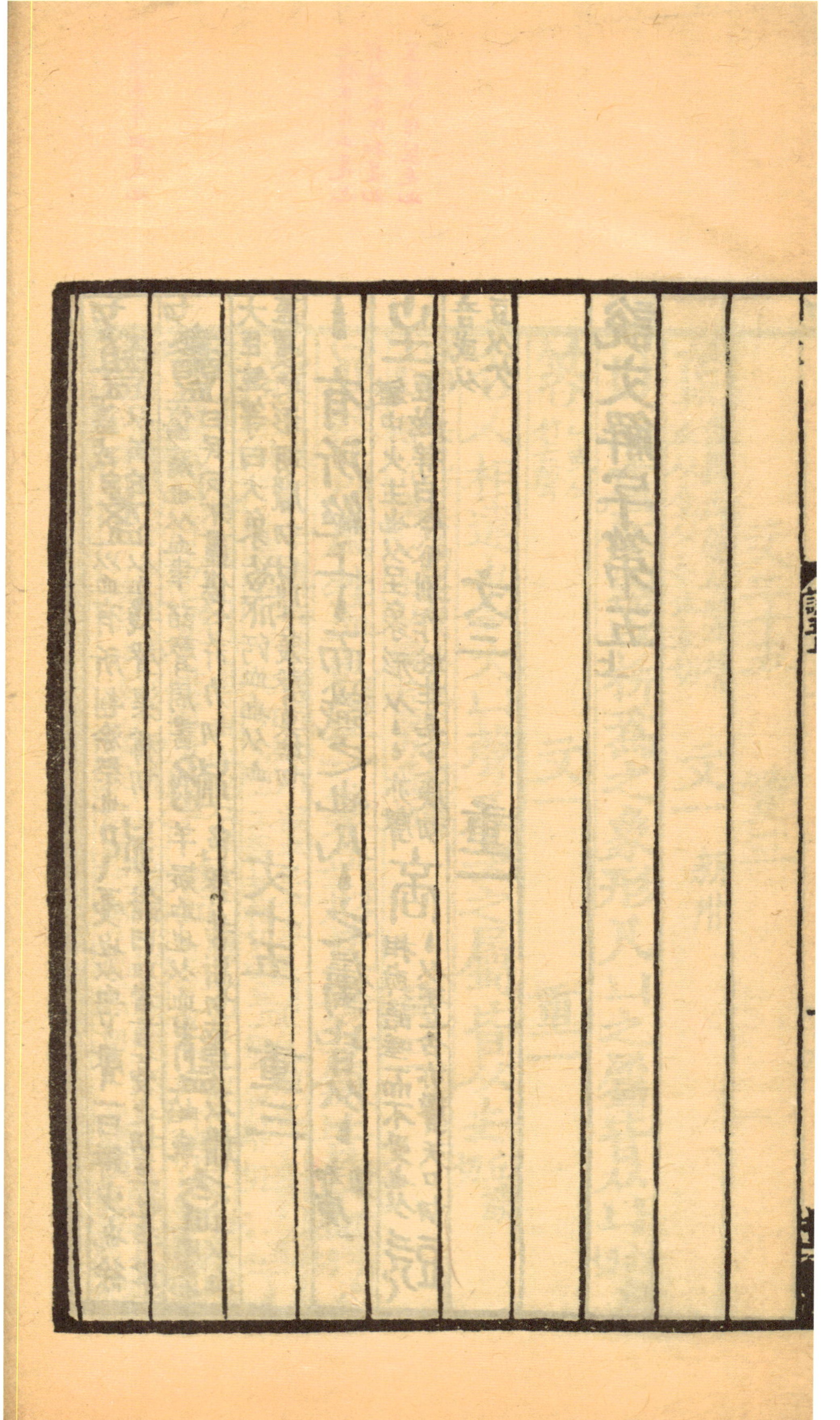

說文解字第五下　漢太尉祭酒許慎記

銀青光祿大夫守右散騎常侍上柱國東海縣開國子食邑五百戶臣徐鉉等奉

敕校定

丹　巴越之赤石也象采丹井丶象丹形凡丹之屬皆从丹都寒切　古文丹　亦古文丹

雘　善丹也从丹蒦聲周書曰惟其敷丹雘讀若隺烏郭切

彤　丹飾也从丹从彡彡其畫也徒冬切

文三　重二

青　東方色也木生火从生丹丹青之信言必然凡青之屬皆从青倉經切　古文青

靜　審也从青爭聲徐鍇曰丹青明審也疾郢切

文二　重一

刃鍇本同當作刅

井 八家一井象構韓形。罋之象也古者伯益初作井凡井之屬皆从井 子郢切

𤃬 深池也从井瑩省聲 烏迥切 阱 陷也从𠂤从井井亦聲 疾正切 穽 阱或从穴 汬 古文阱从水 𠛬 罰辠也从井从刀易曰井法也井亦聲 戶經切 刱 造法刱業也从井刃聲讀若創 初亮切

文五 重二

皀 穀之馨香也象嘉穀在裹中之形匕所以扱之或說皀一粒也凡皀之屬皆从皀又讀若香 皮及切

即 即食也从皀卪聲 徐鍇曰即就也 子力切 既 小食也从皀旡聲論語曰不使勝食既 居未切 冟 飯剛柔不調相著从皀冂聲讀若適 施隻切

文四

鬯 以秬釀鬱艸芬芳攸服以降神也从凵凵器也中象米匕所以扱之易曰不喪匕鬯

臼孫本作臼均誤當作𦥑

饊篆誤當作饊孫本不誤

凡鬯之屬皆从鬯。丑諒切

鬱　芳艸也。十葉爲貫，百廿貫築以煑之爲鬱。从臼、冂、缶、鬯；彡，其飾也。一曰鬱鬯，百艸之華，遠方鬱人所貢芳艸，合釀之以降神。鬱，今鬱林郡也。迂勿切

爵　禮器也。象爵之形，中有鬯酒，又持之也。所以飲。器象爵者，取其鳴節節足足也。即略切　爵　古文爵象形

䵼　黑黍也。一稃二米以釀也。从鬯矩聲。其呂切　秬　䵼或从禾

𩰪　列也。从鬯吏聲。讀若迅。疏吏切

文五　重二

食　一米也。从皀亼聲。或說亼皀也。凡食之屬皆从食。乘力切

餴　滫飯也。从食𡙕聲。臣鉉等曰：𡙕音忽，非聲，疑𡙕字之誤。府文切　饙　餴或从賁　餴　餴或从奔

餾　飯气蒸也。从食留聲。力救切

飪　大孰也。从食壬聲。如甚切　𦞚　古文飪　恁　亦古文飪

饔　孰食也。从食雝聲。於容切

飴　米糱煎也。从食台聲。與之切　𩛛　籀文飴从異省

餳　飴和饊者也。从食昜聲。徐盈切

饊　熬稻粻程也。从食散聲。穌旱切

餅　麪餈也。从食并聲。必郢切

餈　稻餅也。从食次聲。疾資切　𩟄　餈或从齊　粢　餈或从米

饘　糜也。从食亶聲。周謂之饘，宋謂之

因孫本作困是也

餬諸延切餱乾食也从食矦聲周書曰峙乃餱粻乎溝切餥餱也从食非聲陳楚之閒相謁食麥飯曰餥非尾切饎酒食

也从食喜聲詩曰可以饙饎昌志切𩞁饎或从配糦饎或从米籑具食也从食算聲士戀切饌籑或从巽

養供養也从食羊聲余兩切𢼊古文養飯食也从食反聲符萬切䬪雜飯也从食丑聲女久切飤糧也

从人食祥吏切饡以羹澆飯也从食贊聲則榦切饟晝食也从食象聲書兩切𩟗饟或从傷省聲飧餔也从夕食思魂切

餔日加申時食也从食甫聲博狐切𩛩籒文餔从皿浦聲餐吞也从食𣦼聲七安切湌餐或从水䭠

嗛也从食兼聲讀若風溓溓一曰廉潔也力鹽切饁餉田也从食盍聲詩曰饁彼南畝筠輒切饟周人謂餉曰饟从食襄聲人漾切餉

饟也从食向聲式亮切饋餉也从食貴聲求位切饗鄉人飲酒也从食从鄉鄉亦聲許兩切饛盛器滿皃从食冡聲詩曰有饛簋飧莫紅切

飵楚人相謁食麥曰飵从食乍聲在各切䬯相謁食麥也从食占聲奴兼切䭳秦人謂相謁而食麥曰䭳䭓从食㥯聲烏因切䭓

䭳䭓也从食豈聲五困切餬寄食也从食胡聲戶吳切飶食之香也从食必聲詩曰有飶其香毗必切䭀燕食也从食芺聲

詩曰飲酒之飫依據切飽猒也从食包聲博巧切𩚐古文飽从采𩛂亦古文飽从卯聲𩛞猒也从食肙聲

烏玄切

饒　飽也。从食堯聲。如昭切

餘　饒也。从食余聲。以諸切

餀　食臭也。从食艾聲。爾雅曰：餀謂之餯。呼艾切

餞　送去也。从食戔聲。詩曰：顯父餞之。才線切

餫　野饋曰餫。从食軍聲。王問切

館　客舍也。从食官聲。周禮：五十里有市，市有館，館有積，以待朝聘之客。古玩切

饕　貪也。从食號聲。土刀切

叨　饕或从口刀聲。

⿱號食　籀文饕从號省。

飻　貪也。从食，殄省聲。春秋傳曰：謂之饕飻。他結切

饖　飯傷熱也。从食歲聲。於廢切

饐　飯傷溼也。从食壹聲。乙冀切

餲　飯餲也。从食曷聲。論語曰：食饐而餲。乙例切，又烏介切

饑　穀不孰爲饑。从食幾聲。居衣切

饉　蔬不孰爲饉。从食堇聲。渠吝切

䭆　飢也。从食戹聲。讀若楚人言恚人。於革切

餧　飢也。从食委聲。一曰魚敗曰餧。奴罪切

飢　餓也。从食几聲。居夷切

餓　飢也。从食我聲。五箇切

餽　吳人謂祭曰餽。从食从鬼，鬼亦聲。俱位切，又音饋

餟　祭酹也。从食叕聲。陟衛切

⿰食兌　小餟也。从食兌聲。輸芮切

⿰食夌　馬食穀多气流四下也。从食夌聲。里甑切

⿰食末　食馬穀也。从食末聲。莫撥切

文六十二　重十八

餕　食之餘也。从食夋聲。子峻切

餻　餌屬。从食羔聲。古牢切

文二　新附

亼　三合也。从入一，象三合之形。凡亼之屬皆从亼。

讀若集秦入切臣鉉等曰此疑只象形非从入一也

合 合口也从亼从口候閤切

僉 皆也从亼从吅从从虞書曰僉曰伯夷七廉切

侖 思也从亼从冊力屯切

龠 籀文侖

今 是時也从亼从㇇㇇古文及居音切

舍 市居曰舍从亼屮象屋口象築也始夜切

文六 重一

會 合也从亼从曾省曾益也凡會之屬皆从會黃外切

𠊿 古文會如此

𩞁 益也从會卑聲符支切

𣅈 日月合宿爲辰从會从辰辰亦聲植鄰切

文三 重二

倉 穀藏也倉黃取而藏之故謂之倉从食省口象倉形凡倉之屬皆从倉七岡切

仺 奇字倉

牄 鳥獸來食聲也从倉爿聲虞書曰鳥獸牄牄七羊切

文二 重一

入 內也象从上俱下也凡入之屬皆从入人汁切

內 入也从冂自外而入也奴對切

㒰 入山之深也从山从入闕鉏箴切

糴 市穀也从入从糴徒歷切

仝 完也从入从工疾緣切

瓶篆家論當作瓶據本不誤

全 篆文仝从玉純玉曰全 𠓛 古文仝 㒳 二入也兩从此闕良獎切 文六 重二

缶 瓦器所以盛酒漿秦人鼓之以節謌象形 凡缶之屬皆从缶 方九切

㲉 未燒瓦器也从缶殸聲讀若筩莩又苦候切 匋 瓦器也从缶包省聲古者昆吾作匋案史篇讀與缶同徒刀切 罌 缶也从缶賏聲烏莖切 𦈢 小口罌也从缶𠂹聲池僞切 䍌 小缶也从缶咅聲蒲候切 缾 䍌也从缶并聲薄經切 瓶 缾或从瓦 罋 汲缾也从缶雝聲烏貢切 𦈸 下平缶也从缶乏聲讀若㬱土盍切 罃 備火長頸缾也从缶熒省聲烏莖切 缸 瓨也从缶工聲下江切 䍇 瓦器也从缶或聲于逼切 𦉥 瓦器也从缶薦聲作甸切 䍃 瓦器也从缶肉聲臣鉉等曰當从䚻省乃得聲以周切 𦉢 瓦器也从缶霝聲郎丁切 䍄 缺也从缶占聲都念切 缺 器破也从缶決省聲傾雪切 罅 裂也从缶虖聲缶燒善裂也呼迓切 罄 器中空也从缶殸聲殸古文磬字詩云缾之罄矣苦定切 罊 器中盡也从缶毄聲苦計切 缿 受錢器也从缶后聲古以瓦今以竹大口切又胡講切

文二十一 重一

以孫本同當作已

罐 器也从缶雚聲古玩切

文一 新附

矢 弓弩矢也从入象鏑栝羽之形古者夷牟初作矢凡矢之屬皆从矢 式視切

䠶 弓弩發於身而中於遠也从矢从身食夜切 射 篆文䠶从寸寸法度也亦手也 矯 揉箭箝也从矢喬聲居夭切 矰 隹䠶矢也从矢曾聲作滕切 矦 春饗所䠶矦也从人从厂象張布矢在其下天子䠶熊虎豹服猛也諸矦䠶熊豕虎大夫射麋麋惑也士䠶鹿豕爲田除害也其祝曰毋若不寧矦不朝于王所故伉而䠶汝也乎溝切 𥎦 古文矦 𥏫 傷也从矢昜聲式陽切 短 有所長短以矢爲正从矢豆聲都管切 矤 況也詞也从矢引省聲从矢取詞之所之如矢也式忍切 知 詞也从口从矢陟离切 矣 語以詞也从矢以聲于己切

文十 重二

矮 短人也从矢委聲烏蟹切

文一 新附

高 崇也象臺觀高之形从冂口與倉舍同意

了了孫本作乁乁是也

凡高之屬皆从高古牢切

𩫏小堂也从高省冋聲去潁切 廎𩫏或从广頃聲 亭民所安定也亭有樓从高省丁聲特丁切 亳京兆杜陵亭也从高省毛聲旁各切

文四 重一

冂邑外謂之郊郊外謂之野野外謂之林林外謂之冂象遠界也凡冂之屬皆从冂古熒切

冋古文冂从口象國邑 坰冋或从土 市買賣所之也市有垣从冂从了了古文及象物相及也之省聲時止切 冘淫淫行皃从人出冂余箴切 央中央也从大在冂之內大人也央旁同意一曰久也於良切 隺高至也从隹上欲出冂易曰夫乾隺然胡沃切

文五 重二

𩫖度也民所度居也从回象城𩫖之重兩亭相對也或但从口音韋 凡𩫖之屬皆从𩫖古博切

𩫏 缺也古者城闕其南方謂之𩫏从𩫖缺省讀若拔物爲决引也傾雪切 文二

京 人所爲絶高丘也从高省丨象高形凡京之屬皆从京舉卿切

就 就高也从京从尤尤異於凡也疾僦切 𡬮 籒文就 文二 重一

亯 獻也从高省曰象進孰物形孝經曰祭則鬼亯之凡亯之屬皆从亯許兩切又普庚切又許庚切

𠅘 亯 篆文亯 𦎫 孰也从亯从羊讀若純一曰鬻也常倫切 𦏧 𦎫 篆文𦎫 𥫅 厚也从亯竹聲讀若篤冬毒切 𩫖 用也从亯从自自知臭香所食也讀若庸余封切

文四 重二

𣆪 厚也从反亯凡𣆪之屬皆从𣆪 徐鍇曰亯者進上也以進上之具反之於下則厚也胡口切

覃 長味也从㫗鹹省聲詩曰實覃實吁徒含切

𠫘 古文覃

䔪 篆文覃省

㫗 山陵之厚也从㫗从厂胡口切

垕 古文厚从后土

文三　重三

畗 滿也从高省象高厚之形凡畗之屬皆从畗讀若伏芳逼切

良 善也从畗省亡聲徐鍇曰良甚也故从畗呂張切

𥃩 古文良

𡧍 亦古文良

𨾊 亦古文良

文二　重三

㐭 穀所振入宗廟粢盛倉黄㐭而取之故謂之㐭从入回象屋形中有戶牖凡㐭之屬皆从㐭力甚切

廩 㐭或从广从禾

稟 賜穀也从㐭从禾筆錦切

亶 多穀也从㐭旦聲多旱切

啚 嗇也从口㐭㐭受也方美切

𣅀 古文啚如此

文四　重二

嗇 愛濇也从來从㐭來者㐭而藏之故田夫謂之嗇夫凡嗇之屬皆从嗇 所力切

嗇 古文嗇从田

牆 垣蔽也从嗇爿聲 才良切

牆 籒文从二禾

牆 籒文亦从二來

文二　重三

來 周所受瑞麥來麰一來二縫象芒朿之形天所來也故爲行來之來詩曰詒我來麰凡來之屬皆从來 洛哀切

𥎦 詩曰不𥎦不來从來矣聲 牀史切

𢓊 𥎦或从彳

文二　重一

麥 芒穀秋種厚薶故謂之麥麥金也金王而生火王而死从來有穗者从夊凡麥之

牀 孫本作牀是也

咼孫本作周是也

平孫本作乎是也

未孫本作末是也

卜孫本作十是也

㥑夊篆譌當作憂孫本不誤

㤅夊篆譌當作愛孫本不誤

又卜孫本同當作皮卜

屬皆从麥 臣鉉等曰夊足也咼受瑞麥來麰如行來故从夊莫獲切

麰 來麰麥也从麥牟聲莫浮切 ⿱麥艸 麰或从艸 麧 堅麥也从麥气聲平沒切 ⿰麥肙 小麥屑之覈从麥肙聲穌果切

⿰麥差 ⿰麥差麥也从麥差聲一曰擣也昨何切 麩 小麥屑皮也从麥夫聲甫無切 麱 麩或从甫 麪 麥未也从麥丏聲彌箭切

⿰麥啻 麥覈屑也卜斤爲三斗从麥啻聲直隻切 麷 煑麥也从麥豐聲讀若馮敷戎切 麮 麥甘鬻也从麥去聲丘據切 ⿰麥殼 餅籟也从麥殼聲讀若庫空谷切 ⿰麥穴 餅籟也从麥穴聲戶八切 ⿰麥才 餅籟也从麥才聲昨哉切

文十三 重二

夊 行遲曳夊夊象人兩脛有所躧也凡夊之屬皆从夊 楚危切 音吹

夋 行夋夋也一曰倨也从夊允聲七倫切 复 行故道也从夊畐省聲房六切 夌 越也从夊从𡴆𡴆高也一曰夌徲也力膺切 致 送詣也从夊从至陟利切

憂 和之行也从夊㥑聲詩曰布政憂憂於求切 愛 行見从夊㤅聲烏代切 𡕝 行𡕝𡕝也从夊闕讀若僕又卜切

竷 繇也舞也樂有章从章从夅从夊詩曰竷竷舞我苦感切 𡕢 㙼蓋也象皮包覆㙼下有兩臂而夊在下讀若范亡范切 夏

日孫本作臼是也

生孫本同當作㞷

中國之人也从夊从頁从臼曰兩手夊兩足也胡雅切 𡕾古文夏 畟治稼畟畟進也从田人从夊詩曰畟畟良耜初力切 㚇斂足也鵲鵙醜其飛也㚇从夊兇聲子紅切 夒貪獸也一曰母猴似人从頁巳止夊其手足臣鉉等曰巳止皆象形也奴刀切 夔神魖也如龍一足从夊象有角手人面之形渠追切

文十五　重一

夎拜失容也从夊坐聲則卧切

文一　新附

舛對卧也从夊㐄相背凡舛之屬皆从舛昌兖切 踳楊雄說舛从足春 舞樂也用足相背从舛無聲文撫切 𦏶古文舞从羽亡 舝車輨耑鍵也兩穿相背从舛萬省聲萬古文偰字胡戛切

文三　重二

舜艸也楚謂之葍秦謂之藑蔓地連華象形从舛舛亦聲凡舜之屬皆从舜舒閏切今隸變作舜 𧯛古文舜 䕲華榮也从舜生聲讀若皇爾雅曰䕲華也戶光切 𦶊䕲或从艸皇

橐孫本作櫜

文二　重二

韋　相背也从舛口聲獸皮之韋可以束枉戾相韋背故借以爲皮韋凡韋之屬皆从韋　宇非切

𡙕　古文韋

韠　韍也所以蔽前以韋下廣二尺上廣一尺其頸五寸一命緼韠再命赤韠从韋畢聲卑吉切

韎　茅蒐染韋也一入曰韎从韋末聲莫佩切

韢　橐紐也从韋惠聲一曰盛虜頭橐也徐鍇曰謂戰伐以盛首級胡計切

韜　劍衣也从韋舀聲土刀切

韝　射臂決也从韋冓聲古侯切

韘　射決也所以拘弦以象骨韋系著右巨指从韋枼聲詩曰童子佩韘失涉切

弽　韘或从弓

韣　弓衣也从韋蜀聲之欲切

韔　弓衣也从韋長聲詩曰交韔二弓丑亮切

韠　履也从韋叚聲乎加切

鞖　履後帖也从韋段聲徒玩切

緞　鞖或从糸

韤　足衣也从韋蔑聲臣鉉等曰今俗作襪非是望發切

韓　軶裹也从韋尃聲匹各切

韏　革中辨謂之韏从韋𢍏聲九萬切

韖　收束也从韋糕聲讀若酋臣鉉等曰糕側角切聲不相近未詳即由切

𩏄　韖或从要

𩏡　韖或从秋手

韓　井垣也从韋取其帀也倝聲胡安切

文十六　重五

韌柔而固也从韋刃聲而進切

文一　新附

弟韋束之次弟也从古字之象凡弟之屬皆从弟特計切　𢎜古文弟从古文韋省丿聲　罤周人謂兄曰罤从弟从眔臣鉉等曰眔目相及也兄弟親比之義古䰟切

文二　重一

夂从後至也象人兩脛後有致之者凡夂之屬皆从夂讀若黹陟侈切

𡕒相遮要害也从夂丰聲南陽新野有夆亭乎蓋切　夆啎也从夂丰聲讀若縫敷容切　夅服也从夂干相承不敢竝也下江切　夃秦以市買多得爲夃从了从夂益至也从乃詩曰我夃酤彼金罍臣鉉等曰乃難意也古乎切　㐄跨步也从反夂䑞从此苦瓦切

文六

了孫本同當作𠄎

久从後灸之象人兩脛後有距也周禮曰久諸牆以觀其橈凡久之屬皆从久舉友切

文一

桀磔也从舛在木上也凡桀之屬皆从桀渠列切

磔辜也从桀石聲陟格切

乘覆也从入桀桀黠也軍法曰乘食陵切

古文乘从几

說文解字第五下

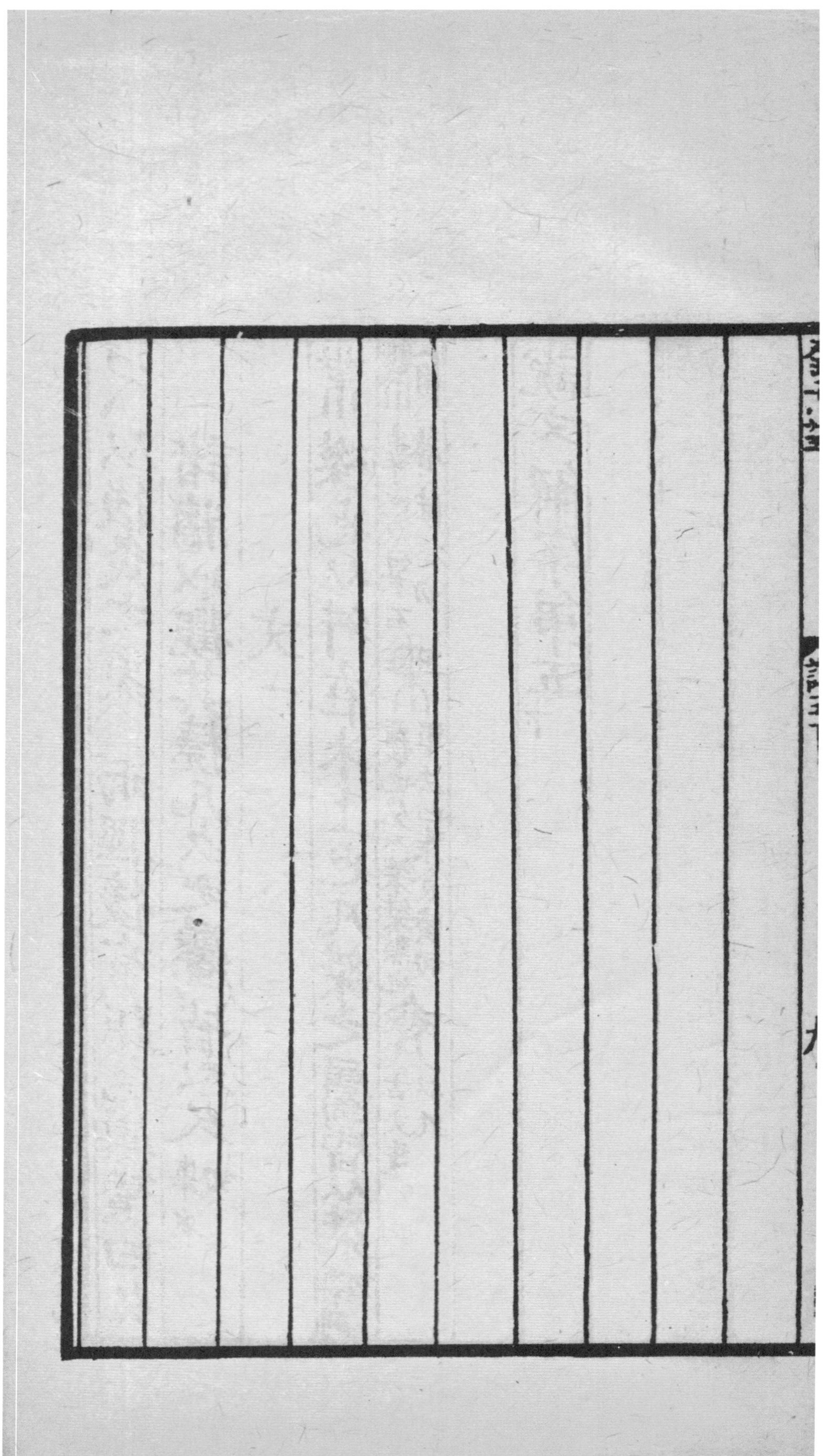

虘棟本作虘是也

說文解字弟六上　漢太尉祭酒許氏記

銀青光祿大夫守右散騎常侍上柱國東海縣開國子食邑五百戶臣徐鉉等奉

敕校定

二十五部　文七百五十三　重六十一

凡九千四百四十三字　文二十新附

木　冒也冒地而生東方之行从屮下象其根凡木之屬皆从木　徐鍇曰屮者木始甲拆萬物皆始於微故木从屮莫卜切

橘　果出江南从木矞聲居聿切　橙　橘屬从木登聲丈庚切　柚　條也似橙而酢从木由聲夏書曰厥包橘柚余救切　樝　果似棃而酢从木虘聲側加切　棃　果名从木𥝢聲𥝢古文利力脂切　梬　棗也似柹从木甹聲以整切　柹　赤實果从木𠂔聲鉏里切　枏　梅也从木冄聲汝閻切　梅　枏也可食从木每聲莫桮切　楳　或从某　杏

屋孫本作谷

果也从木可省聲何梗切 柰 果也从木示聲奴帶切 李 果也从木子聲良止切 杍 古文 桃 果也从木兆聲

徒刀切 楙 冬桃从木敄聲讀若髦莫候切 亲 果實如小栗从木辛聲春秋傳曰女摯不過亲栗側詵切 楷 木也

孔子冢蓋樹之者从木皆聲苦駭切 梫 桂也从木侵省聲七荏切 桂 江南木百藥之長从木圭聲古惠切 棠 牡曰棠牝

曰杜从木尚聲徒郎切 杜 甘棠也从木土聲徒古切 槢 木也从木習聲似入切 樿 木也可以爲櫛从木單聲

旨善切 椲 木也可屈爲杅者从木韋聲于鬼切 楢 柔木也工官以爲耎輪从木酋聲讀若糗以周切 桏 [illegible]木也

从木邛聲渠容切 棆 毋杶也从木侖聲讀若易卦屯陟倫切 楈 木也从木胥聲讀若芟刈之芟私閭切 柍

梅也从木央聲一曰江南橦材其實謂之柍於京切 楑 木也从木癸聲又度也求癸切 [illegible] 木也从木咎聲讀若皓古老切

椆 木也从木周聲讀若丩職留切 樕 樸樕木从木敕聲桑屋切 [illegible] 木也从木彝聲羊皮切 梣 青皮木从

木岑聲子林切 [illegible] 或从𡨄省𡨄籒文寑 棳 木也从木叕聲益州有棳縣職說切 [illegible] 木也从木號省聲乎刀切

棪 遬其也从木炎聲讀若三年導服之導以冄切 椯 木也从木遄聲市緣切 椋 即來也从木京聲呂張切

耒孫本作未是也

𣐕篆譌當作𣐕孫本不誤
凥孫本作尻是也

栩下柔也柔字誤應作杼亦
在杼下重文小徐本不誤

⿰扌弋孫本作杙是也

檍 杶也从木意聲於力切　櫕 木也从木費聲房耒切　樗 木也从木虖聲丑居切　楀 木也从木禹聲王矩

切　櫐 木也从木畾聲力軌切　櫐 籀文　桋 赤桋也从木夷聲詩曰隰有杞桋以脂切　栟 栟櫚也从木并

聲府盈切　椶 栟櫚也可作萆从木嵏聲子紅切　檟 楸也从木賈聲春秋傳曰樹六檟於蒲圃古雅切　椅 梓也

从木奇聲於離切　梓 楸也从木宰省聲即里切　榟 或不省　楸 梓也从木秋聲七由切　⿰木啻 梓屬大者

可爲棺椁小者可爲弓材从木啻聲於力切　柀 檆也从木皮聲一曰折也甫委切　檆 木也从木煔聲臣鉉等曰

今俗作杉非是所銜切　榛 木也从木秦聲一曰菆也側詵切　𣐕 山樗也从木凥聲苦浩切　杶 木也从木屯聲

夏書曰杶榦栝柏敕倫切　櫄 或从熏　杻 古文杶　橁 杶也从木筍聲相倫切　桵 白桵棫从木妥聲臣

鉉等曰當从綏省儒隹切　棫 白桵也从木或聲于逼切　⿰木息 木也从木息聲相即切　椐 樻也从木居聲九魚切

樻 椐也从木貴聲求位切　栩 柔也从木羽聲其皁一曰樣況羽切　⿱予木 栩也从木予聲讀若杼直呂切　樣

栩實从木羕聲徐兩切　杙 劉劉⿰扌弋从木弋聲与職切　枇 枇杷木也从木比聲房脂切　桔 桔梗藥名从木吉聲

凡孫本作几是也

一曰直大古屑切　柞　木也从木乍聲在各切　⿰木乎　木出橐山从木乎聲他乎切　榗　木也从木晉聲書曰竹箭如榗子善切

檖　羅也从木㒸聲詩曰隰有樹檖徐醉切　椵　木可作牀凡从木叚聲讀若賈古雅切　橞　木也从木惠聲胡計切

楛　木也从木苦聲詩曰榛楛濟濟侯古切　櫅　木也可以爲大車軸从木齊聲祖雞切　杒　木也从木乃聲讀若仍如乘切

櫇　木也从木頻聲符眞切　樲　酸棗也从木貳聲而至切　樸　棗也从木僕聲博木切

橪　酸小棗从木然聲一曰染也人善切　柅　木也實如梨从木尼聲女履切　梢　木也从木肖聲所交切

⿰木隸　木也从木隸聲郎計切　⿰木寽　木也从木寽聲力輟切　梭　木也从木夋聲臣鉉等曰今人別音穌禾切以爲機杼之屬私閏切

⿰木畢　木也从木畢聲卑吉切　楋　木也从木剌聲盧達切　枸　木也可爲醬出蜀从木句聲俱羽切

樜　木出發鳩山从木庶聲之夜切　枋　木可作車从木方聲府良切　橿　枋也从木畺聲一曰鉏柄名居良切

樗　木也以其皮裹松脂从木雩聲讀若華乎化切　檴　或从蒦　檗　黃木也从木辟聲博戹切　梤　香木也从木芬聲撫文切

榝　似茱萸出淮南从木殺聲所八切　槭　木可作大車輮从木戚聲子六切　楊　木也从木昜聲与章切

户孫本作九是也

櫬孫本作櫬是也

初孫本作枌 東孫本作朿 莢孫本作荑是也

檉 河柳也从木聖聲敕貞切 桺 小楊也从木丣聲丣古文酉力户切 𣟛 大木可爲鉏柄从木𥃳聲詳遵切 欒 木似欄从木䜌聲禮天子樹松諸侯柏大夫欒士楊洛官切 栘 棠棣也从木多聲弋支切 棣 白棣也从木隶聲特計切 枳 木似橘从木只聲諸氏切 楓 木也厚葉弱枝善搖一名𣡗从木風聲方戎切 權 黃華木从木雚聲一曰反常巨員切 柜 木也从木巨聲其呂切 槐 木也从木鬼聲戶恢切 穀 楮也从木㱿聲古祿切 楮 穀也从木者聲丑呂切 柠 楮或从宁 𣛮 枸杞也从木繼省聲一曰監木也古詣切 杞 枸杞也从木己聲墟里切 枒 木也从木牙聲一曰車輞會也五加切 檀 木也从木亶聲徒乾切 櫟 木也从木樂聲郎擊切 梂 櫟實一曰鑿首从木求聲巨鳩切 楝 木也从木柬聲郎電切 檿 山桑也从木厭聲詩曰其檿其柘於琰切 柘 桑也从木石聲之夜切 ⿰木厀 木可爲杖从木厀聲親吉切 檈 擐味稔棗从木還聲似沿切 梧 梧桐木从木吾聲一名櫬五胡切 榮 桐木也从木熒省聲一曰屋梠之兩頭起者爲榮永兵切 桐 榮也从木同聲徒紅切 橎 木也从木番聲讀若樊附轅切 榆 榆白枌从木俞聲羊朱切 枌 榆也从木分聲扶分切 梗 山初榆有東莢可爲蕪莢者从

案篆譌當作㮤孫本不誤

古孫本作古是也

木更聲古杏切 樵 散也从木焦聲昨焦切 松 木也从木公聲祥容切 㮤 松或从容 樠 松心木从

木㒼聲莫奔切 檜 柏葉松身从木會聲古外切 樅 松葉柏身从木從聲七恭切 柏 鞠也从木白聲博陌

切 机 木也从木几聲居履切 枮 木也从木占聲息廉切 梇 木也从木弄聲益州有梇棟縣盧貢切 楰

鼠梓木从木臾聲詩曰北山有楰羊朱切 桅 黄木可染者从木危聲過委切 杒 桎杒也从木刃聲而震切 㯓 榙㯓木也

从木遝聲徒合切 榙 榙㯓果似李从木荅聲讀若嚃土合切 某 酸果也从木从甘闕莫厚切 槑 古文某从

口 櫾 崐崘河隅之長木也从木繇聲以周切 樹 生植之緫名从木尌聲常句切 尌 籒文 本 木下曰本

从木一在其下徐鍇曰一記其處也本末朱皆同義布忖切 𣎵 古文 柢 木根也从木氐聲都礼切 朱 赤心木松柏屬

从木一在其中章俱切 根 木株也从木艮聲古痕切 株 木根也从木朱聲陟輸切 末 木上曰末从木一在其上莫撥切

㮨 細理木也从木畟聲子力切 果 木實也从木象果形在木之上古火切 樏 木實也从木絫聲力追切 杈 枝也

从木叉聲初牙切 枝 木別生條也从木支聲章移切 朴 木皮也从木卜聲匹角切 條 小枝也从木攸聲徒

用孫本作周是也

檹篆譌當作檹孫本不誤

朴篆譌當作朴孫本不誤

遼切

枚 榦也可爲杖从木从攴詩曰施于條枚莫桮切

栞 槎識也从木㸚闕夏書曰隨山栞木讀若刊苦寒切

𣝝 篆文从幵

欇 木葉榣白也从木聶聲之涉切

栠 弱皃从木任聲如甚切

枖 木少盛皃从木夭聲詩曰桃之枖枖於喬切

槇 木頂也从木眞聲一曰仆木也都季切

梃 一枚也从木廷聲徒頂切

𣡕 衆盛也从木驫聲逸周書曰疑沮事闕所臻切

標 木杪末也从木㶾聲敷沼切

杪 木標末也从木少聲亡沼切

朵 樹木垂朵朵也从木象形此與采同意丁果切

桹 高木也从木良聲魯當切

橌 大木皃从木閒聲古限切

枵 木根也从木号聲春秋傳曰歲在玄枵玄枵虛也許嬌切

柖 樹搖皃从木召聲止搖切

榣 樹動也从木䍃聲余昭切

樛 下句曰樛从木翏聲吉虯切

朻 高木也从木丩聲吉虯切

枉 衺曲也从木㞷聲迂往切

橈 曲木从木堯聲女教切

扶 扶疏四布也从木夫聲防無切

檹 木檹施从木旖聲賈侍中說檹即椅木可作琴於离切

朴 相高也从木小聲私兆切

⿰木曶 高皃从木曶聲呼骨切

槮 木長皃从木參聲詩曰槮差荇菜所今切

梴 長木也从木延聲詩曰松桷有梴丑連切

橚 長木皃从木肅聲山巧切

杕 樹皃从木大聲詩曰有杕之杜特計切

𣜩 木葉陊也从木㲋聲讀若薄他各切

格 木長皃从木各聲古百切

槸 木相

㮇篆譌當作柝孫本不誤

専孫本作尃是也

榦孫本同當作榦

構篆譌當作構孫本不誤

柱篆譌當作柱孫本不誤

摩也从木埶聲魚祭切 **𣡌** 槸或从艸 **枯** 槀也从木古聲夏書曰唯箘輅枯木名也苦孤切 **槀** 木枯也从木高聲苦浩切 **樸** 木素也从木菐聲匹角切 **楨** 剛木也从木貞聲上郡有楨林縣陟盈切 **柔** 木曲直也从木矛聲耳由切 **㮇** 判也从木㡿聲易曰重門擊㮇他各切 **朸** 木之理也从木力聲平原有朸縣盧則切 **材** 木梃也从木才聲昨哉切 **柴** 小木散材从木此聲臣鉉等曰師行野次豎散木為區落名曰柴籬後人語譌轉入去聲又別作寨字非是士佳切 **榑** 榑桑神木日所出也从木専聲防無切 **杲** 明也从日在木上古老切 **杳** 冥也从日在木下烏皎切 **椓** 角械也从木郤聲一曰木下白也其逆切 **栽** 築牆長版也从木𢦏聲春秋傳曰楚圍蔡里而栽昨代切 **築** 擣也从木筑聲陟玉切 **篁** 古文 **榦** 築牆耑木也从木倝聲臣鉉等曰今別作幹非是矢榦亦同古案切 **檥** 榦也从木義聲魚羈切 **構** 蓋也从木冓聲杜林以為椽桷字古后切 **模** 法也从木莫聲讀若嫫母之嫫莫胡切 **桴** 棟名从木孚聲附柔切 **棟** 極也从木東聲多貢切 **極** 棟也从木亟聲渠力切 **柱** 楹也从木主聲直主切 **楹** 柱也从木盈聲春秋傳曰丹桓宮楹以成切 **樘** 衺柱也从木堂聲臣鉉等曰今俗別作撐非是丑庚切 **榰** 柱砥古用木今以石

桓孫本作恒是也
櫨篆譌當作櫨孫本不誤
莫孫本作武

从木耆聲易榰恒凶章移切 槉 欂櫨也从木疾聲子結切 欂 壁柱从木薄省聲弼戟切 櫨 柱上柎从木

盧聲伊尹曰果之美者箕山之東青鳧之所有櫨橘焉夏孰也一曰宅櫨木出弘農山也落胡切 枅 屋櫨也从木开聲古兮切

栵 栭也从木𠛱聲詩曰其灌其栵良辥切 栭 屋枅上標从木而聲爾雅曰栭謂之楶如之切 檼 棼也从木㥯聲

於靳切 橑 椽也从木尞聲盧浩切 桷 榱也椽方曰桷从木角聲春秋傳曰刻桓宮之桷古岳切 椽 榱也

从木彖聲直專切 榱 秦名為屋椽周謂之榱齊魯謂之桷从木衰聲所追切 楣 秦名屋櫋聯也齊謂之檐楚謂之梠

从木眉聲莫悲切 梠 楣也从木呂聲力舉切 梍 梠也从木㿝聲讀若枇杷之枇房脂切 櫋 屋櫋聯也从木邊省

聲武延切 檐 梍也从木詹聲臣鉉等曰今俗作簷非是余廉切 橝 屋梠前也从木覃聲一曰蠶槌徒含切 樀

户樀也从木啻聲爾雅曰檐謂之樀讀若滴都歷切 植 戶植也从木直聲常職切 櫍 或从置 樞 戶樞也从木區聲昌

朱切 槏 戶也从木兼聲苦減切 樓 重屋也从木婁聲洛侯切 櫳 房室之疏也从木龍聲盧紅切 楯 闌檻

也从木盾聲食允切 櫺 楯間子也从木霝聲郎丁切 杗 棟也从木亡聲爾雅曰杗廇謂之梁武方切 梀 短椽也从

柱 孫本作極

木東聲丑錄切 杇 所以涂也秦謂之杇關東謂之槾从木亏聲哀都切 槾 杇也从木曼聲母官切 椳 門樞謂之椳从

木畏聲烏恢切 楣 門樞之橫梁从木冒聲莫報切 梱 門橛也从木困聲苦本切 榍 限也从木屑聲先結切 柤

木閑从木且聲側加切 槍 歫也从木倉聲一曰槍欀也七羊切 楗 限門也从木建聲其獻切 櫼 楔也从木韱聲子廉切

楔 櫼也从木契聲先結切 柵 編樹木也从木从冊冊亦聲楚革切 杝 落也从木也聲讀若他池介切 欜 行夜

所擊者从木橐聲易曰重門擊欜他各切 桓 亭郵表也从木亘聲胡官切 楃 木帳也从木屋聲於角切 橦 帳柱也从

木童聲宅江切 杠 牀前橫木也从木工聲古雙切 桯 牀前几从木呈聲他丁切 桱 桱桯也東方謂之蕩从木巠聲

古零切 牀 安身之坐者从木爿聲徐鍇曰左傳薳子馮詐病掘地下冰而牀焉至於恭坐則席也故从爿爿則爿之省

象人衺身有所倚箸至於牆壯戕狀之屬並當从牀省聲李陽冰言木右爲片左爲爿音牆且說文無爿字其書亦異故知其妄仕莊切

枕 臥所薦首者从木冘聲章衽切 楲 楲窬褻器也从木威聲於非切 櫝 匱也从木賣聲一曰木名又曰大梡也徒

谷切 櫛 梳比之總名也从木節聲阻瑟切 梳 理髮也从木疏省聲所菹切 枱 劒柙也从木合聲胡甲切 [illegible]

月孫本作曰是也

桮篆譌當作桮孫本不誤

薅器也从木辱聲奴豆切 鎒 或从金 茉 茉臿也从木入象形䀠聲舉朱切 𣏗 兩刃臿也从木丫象形宋魏曰𣏗也互瓜切

釫 或从金从于 㭒 臿也从木㠯聲一曰徒土輂齊人語也臣鉉等曰今俗作耜詳里切 梩 或从里 枱

耒耑也从木台聲弋之切 鈶 或从金 辝 籀文从辝 楎 大叉犁一川犁上曲木犁轅从木軍聲讀若渾天之渾戶

昆切 櫌 摩田器从木憂聲論語曰櫌而不輟於求切 欘 斫也齊謂之鎡錤一曰斤柄性自曲者从木屬聲陟玉切 櫡

斫謂之櫡从木箸聲張略切 杷 收麥器从木巴聲蒲巴切 杸 穜樓也一曰燒麥柃杸从木役聲与辟切 柃 木也从木

令聲郎丁切 柫 擊禾連枷也从木弗聲敷勿切 枷 柫也从木加聲淮南謂之柍古牙切 杵 舂杵也从木午聲昌

與切 㮣 杚斗斛从木既聲工代切 杚 平也从木气聲古沒切 楷 木參交以枝炊籅者也从木省聲讀若驪駕臣

鉉等曰驪駕未詳所綆切 柶 禮有柶柶匕也从木四聲息利切 桮 𠤷也从木否聲布回切 𠤷 籀文桮 槃

承槃也从木般聲薄官切 鎜 古文从金 盤 籀文从皿 榹 槃也从木虒聲息移切 案 几屬从木安聲烏

旰切 檈 圜案也从木瞏聲似沿切 椷 篋也从木咸聲古咸切 枓 勺也从木从斗之庾切 杓 枓柄

从字衍孫本同

衽孫本作袵是也

門孫本作悶

也从从木从勺臣鉉等曰今俗作市若切以爲桮杓之杓甫搖切 櫑 龜目酒尊刻木作雲雷象象施不窮也从木畾聲魯回切 罍

櫑或从缶 ⿱畾皿 櫑或从皿 ⿱畾缶 籒文櫑 椑 圜榼也从木卑聲部迷切 榼 酒器也从木盍聲枯蹋切 橢 車笭

中橢橢器也从木隋聲徒果切 槌 關東謂之槌關西謂之持从木追聲直類切 㭙 槌也从木特省聲陟革切 栚 槌之

橫者也關西謂之㯼从木灷聲臣鉉等曰當从朕省直衽切 槤 瑚槤也从木連聲臣鉉等曰今俗作璉非是里典切 櫎 所以几器

从木廣聲一曰帷屏風之屬臣鉉等曰今别作幌非是胡廣切 㮰 舉食者从木具聲俱燭切 檕 繘耑木也从木毄聲古詣切

檷 絡絲檷从木爾聲讀若柅奴礼切 機 主發謂之機从木幾聲居衣切 榺 機持經者从木朕聲詩證切 杼

機之持緯者从木予聲直呂切 椱 機持繒者从木复聲扶富切 楥 履法也从木爰聲讀若指撝吁券切 核

蠻夷以木皮爲篋狀如籢尊从木亥聲古哀切 棚 棧也从木朋聲薄衡切 棧 棚也竹木之車曰棧从木戔聲士限切 栫

以柴木壅也从木存聲徂門切 槶 筐當也从木國聲古悔切 梯 木階也从木弟聲土雞切 棖 杖也从木長聲一曰法也

宅耕切 桊 牛鼻中環也从木类聲居倦切 椯 箠也从木耑聲一曰揣度也一曰剟也兜果切 橜 弋也从木厥聲

杖篆譌當作杖孫本不誤

椎篆譌當作椎孫本不誤

籆孫本作篗是也

淮孫本作進是也

一曰門梱也瞿月切 樴 弋也从木戠聲之弋切 杖 持也从木丈聲臣鉉等曰今俗別作仗非是直兩切 柭 棓也

从木犮聲北末切 棓 棁也从木咅聲步項切 椎 擊也齊謂之終葵从木隹聲直追切 柯 斧柄也从

木可聲古俄切 棁 木杖也从木兌聲他活切又之說切 柄 柯也从木丙聲陂病切 棅 或从秉 柲

欑也从木必聲兵媚切 欑 積竹杖也从木贊聲一曰穿也一曰叢木在丸切 杘 籆柄也从木尸聲女履切 柅 杘或

从木尼聲臣鉉等曰柅女氏切木若棃此重出 榜 所以輔弓弩从木旁聲補盲切臣鉉等案李舟切韻一音北孟切淮船也又音

北朗切木片也今俗作牓非 檠 榜也从木敬聲巨京切 檃 栝也从木㥯省聲於謹切 栝 檃也从木昏聲一曰矢栝

築弦處古活切 棊 博棊从木其聲渠之切 椄 續木也从木妾聲子葉切 栙 栙雙也从木夅聲讀若鴻下江切

栝 炊竈木从木舌聲臣鉉等曰當从甛省乃得聲他念切 槽 畜獸之食器从木曹聲昨牢切 臬 射準的也从木从

自李陽冰曰自非聲从劓省五結切 桶 木方受六升从木甬聲他奉切 櫓 大盾也从木魯聲郎古切 樐 或从鹵

樂 五聲八音總名象鼓鞞木虡也玉角切 柎 闌足也从木付聲甫無切 枹 擊鼓杖也从木包聲甫無切 椌 柷樂

小孫本作卜是也

聲孫本作敄是也

也从木空聲苦江切　柷樂木空也所以止音爲節从木祝省聲昌六切　槧牘樸也从木斬聲自琰切　札牒也从木乙聲側八切

檢書署也从木僉聲居奄切　檄二尺書从木敫聲胡狄切　棨傳信也从木啓省聲康禮切　楘車歷錄束

文也从木秋聲詩曰五楘梁輈莫小切　枑行馬也从木互聲周禮曰設梐枑再重胡誤切　梐梐枑也从木陛省聲邊兮切

极驢上負也从木及聲或讀若急其輒切　㭕极也从木去聲去魚切　槅大車枙从木鬲聲古覈切　橾車轂中空

也从木喿聲讀若藪山樞切　楇盛膏器从木咼聲讀若過乎臥切　枊馬柱从木卬聲一曰堅也吾浪切　棝槶斗可射

鼠从木固聲古慕切　欙山行所乘者从木纍聲虞書曰予乘四載水行乘舟陸行乘車山行乘欙澤行乘䡅力追切　榷

水上橫木所以渡者也从木隺聲江岳切　橋水梁也从木喬聲巨驕切　梁水橋也从木从水刅聲呂張切　𣹘古文

𣝣船總名从木𡕩聲臣鉉等曰今俗別作艘非是穌遭切　橃海中大船从木發聲臣鉉等曰今俗別作筏非是房越切

楫舟櫂也从木咠聲子葉切　欚江中大船名从木蠡聲盧啓切　校木囚也从木交聲古孝切　樔澤中守艸

樓从木巢聲鉏交切　采捋取也从木从爪倉宰切　柿削木札樸也从木巿聲陳楚謂櫝爲柿芳吠切　橫闌木也从

連孫本作遵

皀孫氏本作甹

木黃聲戶盲切梜檢柙也从木夾聲古洽切桄充也从木光聲古曠切檇以木有所擣也从木雋聲春秋傳曰

越敗吳於檇李連爲切椓擊也从木豖聲竹角切朾橦也从木丁聲宅耕切柧棱也从木瓜聲又柧棱殿

堂上最高之處也古胡切棱柧也从木夌聲魯登切欁伐木餘也从木獻聲商書曰若顛木之有皀欁五葛切

櫱欁或从木辥聲不古文欁从木無頭枿亦古文欁枰平也从木从平平亦聲蒲兵切柆

折木也从木立聲盧合切槎衺斫也从木差聲春秋傳曰山不槎側下切柮斷也从木出聲讀若爾雅貀無前足之貀女滑切

檮斷木也从木𠷎聲春秋傳曰檮柮徒刀切析破木也一曰折也从木从斤先激切棷木薪也从木取聲側鳩切梡

棞木薪也从木完聲胡本切棞梡木未析也从木圂聲胡昆切楄楄部方木也从木扁聲春秋傳曰楄部薦榦部田切

楅以木有所逼束也从木畐聲詩曰夏而楅衡彼即切枼楄也枼薄也从木世聲臣鉉等曰當从卅乃得聲卅穌合切与涉切

槱積火燎之也从木从火酉聲詩曰薪之槱之周禮以槱燎祠司中司命余救切𥛜槱或从示休息止也从

人依木許尤切庥休或从广𣙗竟也从木恆聲古鄧切亙古文𣙗械桎梏也从木戒聲一曰器之總名

梜孫本作棟

府廣韻同孫本作輿

一曰持也一曰有盛爲械無盛爲器胡戒切

杽　械也从木从手手亦聲敕九切

桎　足械也从木至聲之日切

梏　手械也从木告聲古沃切

櫪　櫪撕椑指也从木歷聲郎擊切

撕　櫪撕也从木斯聲先稽切

檻　櫳也从木監聲一曰圈胡黯切

櫳　檻也从木龍聲盧紅切

柙　檻也以藏虎兕从木甲聲烏匣切

古文柙

棺　關也所以掩尸从木官聲古丸切

櫬　棺也从木親聲春秋傳曰士輿櫬初僅切

槥　棺櫝也从木彗聲祥歲切

椁　葬有木𩫏也从木𩫏聲古博切

楬　楬桀也从木曷聲春秋傳曰楬而書之其謁切

梟　不孝鳥也日至捕梟磔之从鳥頭在木上古堯切

棐　輔也从木非聲府尾切

文四百二十一　重三十九

梔　木實可染从木卮聲章移切

榭　臺有屋也从木䠶聲詞夜切

槊　矛也从木朔聲所角切

椸　衣架也从木施聲以支切

榻　牀也从木㬎聲土盍切

櫍　柎也从木質聲之日切

櫂　所以進船也从木翟聲或从卓史記通用濯直教切

槔　桔槔汲水器也从木皋聲古牢切

樁　橛杙也从木春聲啄江切

櫻　果也从木嬰聲烏莖切

栜　梜也从木策省聲所厄切

文十二　新附

鬱孫本同應作鬱

複孫本作複是也

東 動也从木官溥說从日在木中凡東之屬皆从東 得紅切

𣍘 二東曹从此闕

文二

林 平土有叢木曰林从二木凡林之屬皆从林 力尋切

𣞤 豐也从林㸚或說規模字从大𣞤數之積也林者木之多也𣞤與庶同意商書曰庶草繁無徐鍇曰或說大𣞤爲規模之模諸部無者不審信也文甫切

鬱 木叢生者从林鬱省聲迂弗切

楚 叢木一名荊也从林疋聲創舉切

棽 木枝條棽儷皃从林今聲丑林切

楙 木盛也从林矛聲莫候切

麓 守山林吏也从林鹿聲一曰林屬於山爲麓春秋傳曰沙麓崩盧谷切

𥲅 古文从彔

棼 複屋棟也从林分聲符分切

森 木多皃从林从木讀若曾參之參所今切

文九 重一

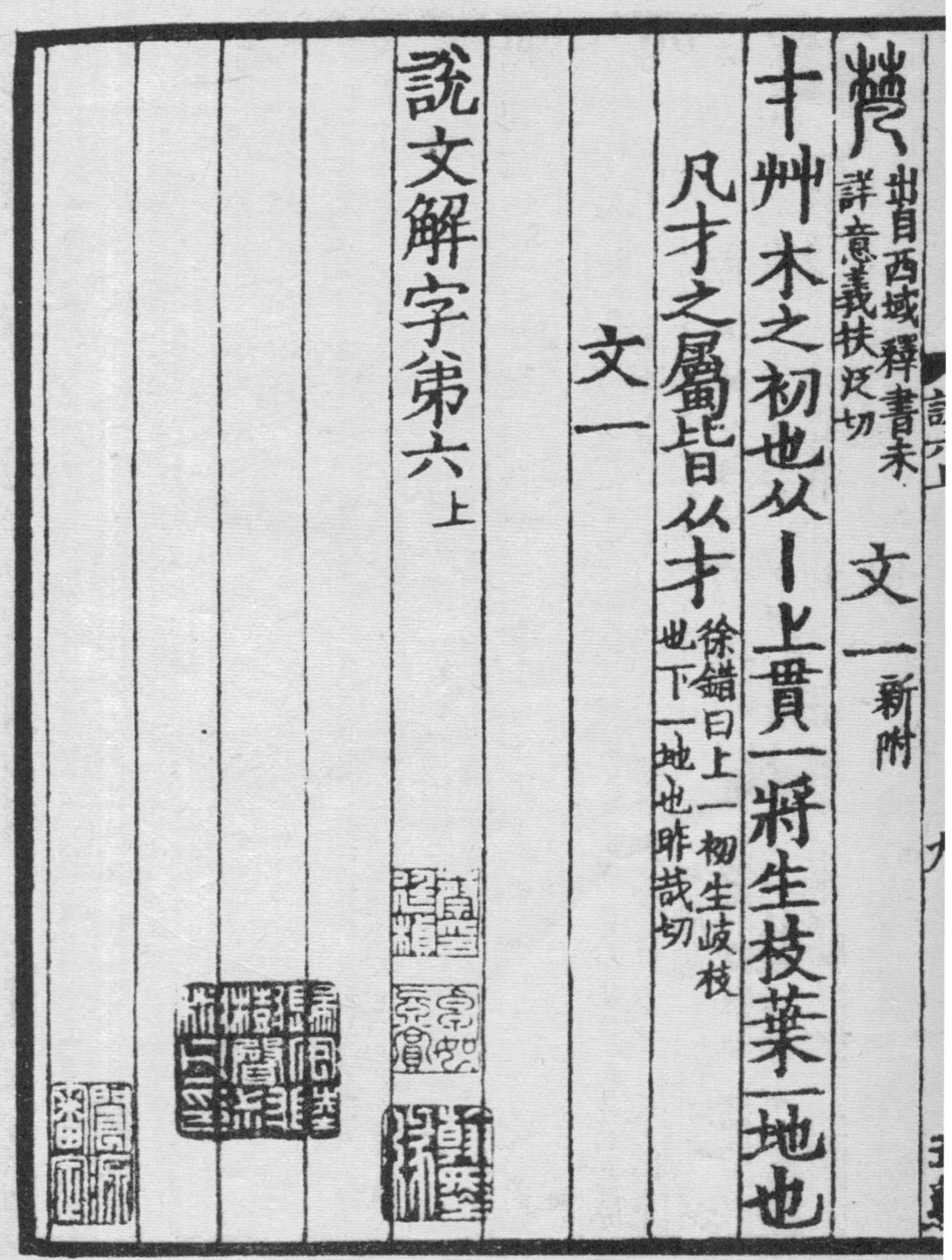

梵　出自西域釋書，未詳意義。扶泛切

文一　新附

才　艸木之初也。从丨上貫一，將生枝葉。一，地也。凡才之屬皆从才。徐鍇曰：上一，初生歧枝也；下一，地也。昨哉切

文一

說文解字弟六上

說文解字第六下　漢太尉祭酒許氏記

銀青光祿大夫守右散騎常侍上柱國東海縣開國子食邑五百戶臣徐鉉等奉

敕校定

叒　日初出東方湯谷所登榑桑叒木也象形

凡叒之屬皆从叒　而灼切

籀文　桑　蠶所食葉木从叒木　息郎切

文二　重一

之　出也象艸過屮枝莖益大有所之一者地

也凡之之屬皆从之　止而切

㞷　艸木妄生也从之在土上讀若皇　徐鍇曰反生謂非所宜生傳曰門上生莠从之在土上土上益高非所宜也　戶光切

文二　重一

𣎵人也𡴀也从六字孫本作𡴀也从𣎵人色是也

帀 周也从反之而帀也凡帀之屬皆从帀周盛說 子荅切

師 二千五百人爲師从帀从𠂤𠂤四帀衆意也疎夷切 𢀳 古文師 文二 重一

出 進也象艸木益滋上出達也凡出之屬皆从出 尺律切

敖 游也从出从放五牢切 賣 出物貨也从出从買莫邂切 糶 出穀也从出从糴糴亦聲他弔切 𡴝 槷𡴝不安也从出臬聲易曰槷𡴝徐鍇曰物不安則出不在也五結切 文五

𣎵 艸木盛𣎵𣎵然象形八聲凡𣎵之屬皆从𣎵 讀若輩 普活切

𡴀 艸木𡴀孛之皃从𣎵畀聲于貴切 索 艸有莖葉可作繩索从𣎵糸杜林說𣎵亦朱市字蘇各切 孛 𣎵人也𡴀也从

或孫本作盛是也

也从子論語曰色孛如也蒲妹切 𣐺 止也从𣎵盛而一橫止之也即里切 南 艸木至南方有枝任也从𣎵羊聲那含切 𡴂 古文

文六　重一

生 進也象艸木生出土上凡生之屬皆从生 所庚切

丰 艸或丰丰也从生上下達也敷容切 產 生也从生彥省聲所簡切 隆 豐大也从生降聲徐鍇曰生而不已益高大也力中切 甤 艸木實甤甤也从生豨省聲讀若綏儒隹切 甡 眾生並立之皃从二生詩曰甡甡其鹿所臻切 文六

乇 艸葉也从垂穗上貫一下有根象形凡乇之屬皆从乇 陟格切 文一

𠂹 艸木華葉𠂹象形凡𠂹之屬皆从𠂹 是爲切 𠌶 古文 文一　重一

二禾字孫本并作禾是也

二禾字孫本均作禾是也

禾孫本作禾是也

𠌶 艸木華也从𠂹亏聲凡𠌶之屬皆从𠌶 況于切

荂 𠌶或从艸从夸 韡 盛也从𠌶韋聲詩曰萼不韡韡 于鬼切

文二 重一

華 榮也从艸从𠌶凡華之屬皆从華 戶瓜切

皣 艸木白華也从華从白 筠輒切

文二

禾 木之曲頭止不能上也凡禾之屬皆从禾 古兮切

𥝌 多小意而止也从禾从只聲一曰木也 職雉切 𥠻 稌𥠻也从禾从又句聲又者从丑省一曰木名徐鍇曰丑者束縛也稌𥠻不伸之意 俱羽切

文三

稽 留止也从禾从尤旨聲凡稽之屬皆从稽 古兮切

𥡴 特止也从稽省卓聲徐鍇曰特止卓立也 竹角切 𥢔 𥢔𥡴而止也从稽省咎聲讀若皓賈侍中說稽𥡴𥢔三字皆木名 古老切

文三

爪孫本作刀是也

巢 鳥在木上曰巢在穴曰窠从木象形凡巢之屬皆从巢 鉏交切

[illegible] 傾覆也从寸臼覆之寸人手也从巢省杜林說以爲貶損之貶方斂切

文二

桼 木汁可以髹物象形桼如水滴而下凡桼之屬皆从桼 親吉切

髤 桼也从桼髟聲許由切

㯷 桼垸已復桼之从桼包聲匹皃切

文三

束 縛也从口木凡束之屬皆从束 書玉切

柬 分別簡之也从束从八八分別也古限切

𣝗 小束也从束幵聲讀若繭古典切

剌 戾也从束从刀刀者剌之也徐鍇曰

刺乖違也東而乖違者莫若刀也盧達切

文四

櫜也从束圂聲凡櫜之屬皆从櫜 胡本切

囊也从櫜省石聲他各切

橐也从櫜省襄省聲奴當切

車上大橐从櫜省咎聲詩曰載櫜弓矢古勞切

㯻張大皃从櫜省匋省聲符宵切

文五

回也象回帀之形凡囗之屬皆从囗 羽非切

天體也从囗睘聲王權切

圜也从囗專聲度官切

規也从囗肙聲似沿切

回也从囗云聲羽巾切

圜全也从囗員聲讀若員王問切

轉也从囗中象回轉形戶恢切

古文

畫計難也从囗从啚啚難意也徐鍇曰規畫之也故从囗同都切

回行也从囗睪聲尚書曰圛圛升雲半有半無讀若驛羊益切

邦也从囗从或古惑切

宮中道从囗象宮垣道上之形詩曰室家之壼苦本切

廩之圜者从禾在囗中圜謂之囷方謂之京去

末孫作宋是也
鄖孫同誤待校

倫切　圈　養畜之閑也从口卷聲渠篆切　囿　苑有垣也从口有聲一曰禽獸曰囿于救切　𡈆　籀文囿　園　所以樹果也从口袁聲羽元切　圃　穜菜曰圃从口甫聲博古切　因　就也从口大徐鍇曰左傳曰植有禮因重固能大者衆圍就之於眞切　㘥　下取物縮藏之从口从又讀若聶女洽切　囹　獄也从口令聲郎丁切　圄　守之也从口吾聲魚舉切　囚　繫也从人在口中似由切　固　四塞也从口古聲古慕切　圍　守也从口韋聲羽非切　困　故廬也从木在口中苦悶切　𣎴　古文困　圂　廁也从口象豕在口中也會意胡困切　囮　譯也从口化率鳥者繫生鳥以來之名曰囮讀若譌五禾切　𡈝　囮或从繇又音由

文二十六　重四

員　物數也从貝口聲凡員之屬皆从員徐鍇曰古以貝爲貨故數之王權切　𩱁　籒文从鼎　䢵　物數紛䢵亂也从員云聲讀若春秋傳曰末皇鄖羽文切

文二　重一

貝　海介蟲也居陸名猋在水名蜬象形古者貨貝而寶龜周而有泉至秦廢貝行錢凡貝之屬

岳孫本作卉是也

皆从貝。博蓋切

𧴪 貝聲也。从小貝。酥果切

賄 財也。从貝有聲。呼罪切

財 人所寶也。从貝才聲。昨哉切

貨 財也。从貝化聲。呼臥切

䝨 資也。从貝爲聲。或曰此古貨字。讀若貴。詭僞切

資 貨也。从貝次聲。即夷切

贎 貨也。从貝萬聲。無販切

賑 宮也。从貝辰聲。之忍切

賢 多才也。从貝臤聲。胡田切

賁 飾也。从貝卉聲。彼義切

賀 以禮相奉慶也。从貝加聲。胡箇切

貢 獻功也。从貝工聲。古送切

贊 見也。从貝从兟。臣鉉等曰：兟音詵，進也。執贄而進，有司贊相之。則旰切

賮 會禮也。从貝𦘔聲。徐刃切

齎 持遺也。从貝齊聲。祖雞切

貸 施也。从貝代聲。他代切

貣 从人求物也。从貝弋聲。他得切

賂 遺也。从貝各聲。臣鉉等曰：當从路省，乃得聲。洛故切

賸 物相增加也。从貝朕聲。一曰送也，副也。以證切

贈 玩好相送也。从貝曾聲。昨鄧切

貱 迻予也。从貝皮聲。彼義切

贛 賜也。从貝，𩔰省聲。臣鉉等曰：𩔰非聲，未詳。古送切

籒文贛

賚 賜也。从貝來聲。周書曰：賚介秬鬯。洛帶切

賞 賜有功也。从貝尚聲。書兩切

賜 予也。从貝易聲。斯義切

貤 重次弟物也。从貝也聲。以豉切

贏 有餘賈利也。从貝𣎆聲。臣鉉等曰：當从嬴省，乃得聲。以成切

賴

吕孫本作呂是也

曰孫本作日是也

東孫本作朿是也

西孫本作襾是也

聲下孫本有一是也

贏也从貝剌聲洛帶切 負 恃也从人守貝有所恃也一曰受貸不償房九切 貯 積也从貝宁聲直吕切 貳
副益也从貝弍聲弍古文二而至切 賓 所敬也从貝宓聲必鄰切 𡧍 古文 賖 貰買也从貝余聲式車切 貰
貸也从貝世聲神夜切 贅 以物質錢从敖貝敖者猶放貝當復取之也之芮切 質 以物相贅从貝从所闕之曰切
貿 易財也从貝𠄔聲莫候切 贖 貿也从貝𧶠聲殊六切 費 散財用也从貝弗聲房未切 責 求也
从貝東聲側革切 賈 賈市也从貝西聲曰坐賣售也公戶切 𧷸 行賈也从貝商省聲式陽切 販 買賤賣貴者从
貝反聲方願切 買 市也从网貝孟子曰登壟斷而网市利莫蟹切 賤 賈少也从貝戔聲才線切 賦 斂也从貝武聲方遇切
貪 欲物也从貝今聲他含切 貶 損也从貝从乏方斂切 貧 財分少也从貝从分分亦聲符巾切 𡰓 古文从宀分
賃 庸也从貝任聲尼禁切 賕 以財物枉法相謝也从貝求聲一曰戴質也巨留切 購 以財有所求也从貝冓聲古候切
𧶽 齎財卜問爲𧶽从貝疋聲讀若所踈舉切 貲 小罰以財自贖也从貝此聲漢律民不繇貲錢二十二即夷切 賨 南蠻
賦也从貝宗聲徂紅切 𧷢 衙也从貝𡏳聲𡏳古文睦讀若育余六切 貴 物不賤也从貝臾聲臾古文蕢居胃切 䞓

衮孫本作衾是也

占孫本作古是也

郡字下水經注卷二引周制作郡制上大夫受郡是也作上大夫縣下大夫郡秦初置作秦始置以監其縣作以監縣矣

頸飾也从二貝烏莖切

文五十九　重三

貺 賜也从貝兄聲許訪切 賵 贈死者从貝从冐冐者衣衾覆冒之意撫鳳切 賭 博簺也从貝者聲當古切 貼 以物爲質也从貝占聲他叶切 貽 贈遺也从貝台聲經典通用詒与之切 賺 重買也錯也从貝廉聲佇陷切 賽 報也从貝塞省聲先代切 賻 助也从貝尃聲符遇切 贍 給也从貝詹聲時豔切

文九　新附

邑 國也从口先王之制尊卑有大小从卪凡邑之屬皆从邑　於汲切

邦 國也从邑丰聲博江切 邦 古文 郡 周制天子地方千里分爲百縣縣有四郡故春秋傳曰上大夫受郡是也至秦初置三十六郡以監其縣从邑君聲渠運切 都 有先君之舊宗廟曰都从邑者聲周禮距國五百里爲都當孤切 鄰 五家爲鄰从邑粦聲力珍切 酇 百家爲酇酇聚也从邑贊聲南陽有酇縣作管切又作旦切 鄙 五酇爲鄙从邑啚聲兵美切 郊 距國百里爲郊从邑交聲古肴切 邸 屬國舍从邑氐聲都禮切 郛 郭也从邑孚聲甫無切 郵 境上行書

子孫本作子是也

舍。从邑垂。垂，邊也。羽求切。

⿰肖阝 國甸大夫稍稍所食邑。从邑肖聲。周禮曰：任⿰肖阝地在天子三百里之内。所教切。

鄯 鄯善，西胡國也。从邑从善，善亦聲。時戰切。

⿰竆阝 夏后時諸侯夷羿國也。从邑，竆省聲。渠弓切。

⿰契阝 周封黃帝之後於⿰契阝也。从邑契聲。讀若薊。上谷有⿰契阝縣。古詣切。

邰 炎帝之後，姜姓所封，周棄外家國。从邑台聲。右扶風斄縣是也。詩曰：有邰家室。土來切。

⿰支阝 周文王所封。在右扶風美陽中水鄉。从邑支聲。巨支切。

岐 ⿰支阝或从山支聲。因岐山以名之也。

⿰枝山 古文⿰支阝，从枝从山。

邠 周太王國。在右扶風美陽。从邑分聲。補巾切。

豳 美陽亭即豳也。民俗以夜市，有豳山。从山从豩。闕。

郿 右扶風縣。从邑眉聲。武悲切。

郁 右扶風郁夷也。从邑有聲。於六切。

鄠 右扶風縣名。从邑雩聲。胡古切。

扈 夏后同姓所封，戰於甘者。在鄠，有扈谷、甘亭。从邑戶聲。胡古切。

⿰山弓 古文扈，从山弓。

⿰崩阝 右扶風鄠鄉。从邑崩聲。沛城父有⿰崩阝鄉。讀若陪。薄回切。

⿰且阝 右扶風鄠鄉。从邑且聲。子余切。

郝 右扶風鄠盩厔鄉。从邑赤聲。呼各切。

酆 周文王所都。在京兆杜陵西南。从邑豐聲。敷戎切。

鄭 京兆縣。周厲王子友所封。从邑奠聲。宗周之滅，鄭徙潧洧之上，今新鄭是也。直正切。

郃 左馮翊郃陽縣。从邑合聲。詩曰：在郃之陽。候閤切。

⿰口阝 京兆藍田鄉。从邑口聲。苦后切。

⿰樊阝 京兆杜陵鄉。从邑樊聲。附袁切。

鄜 左馮翊縣。从邑麃聲。甫無切。

⿰屠阝 左馮翊⿰屠阝陽亭。从邑屠聲。同都切。

邮 左馮翊高陵。从邑由聲。徒歷切

⿰季阝 左馮翊谷口鄉。从邑季聲。讀若寧。奴顛切

邽 隴西上邽也。从邑圭聲。古畦切

⿰音阝 天水狄部。从邑音聲。蒲口切

郖 弘農縣庾地。从邑豆聲。當侯切

鄏 河南縣直城門官陌地也。从邑辱聲。春秋傳曰：成王定鼎于郟鄏。而蜀切

鄻 周邑也。从邑輦聲。力展切

⿰祭阝 周邑也。从邑祭聲。側介切

邙 河南洛陽北亡山上邑。从邑亡聲。莫郎切

鄩 周邑也。从邑尋聲。徐林切

郗 周邑也。在河內。从邑希聲。丑脂切

鄆 河內沁水鄉。从邑軍聲。魯有鄆地。王問切

邶 故商邑。自河內朝歌以北是也。从邑北聲。補妹切

邘 周武王子所封。在河內野王是也。从邑于聲。又讀若區。況于切

⿰㓞阝 殷諸侯國。在上黨東北。从邑㓞聲。㓞，古文利。商書：西伯戡⿱黎邑。郎奚切

邵 晉邑也。从邑召聲。寔照切

鄍 晉邑也。从邑冥聲。春秋傳曰：我鄍三門。莫經切

鄐 晉邢侯邑。从邑畜聲。丑六切

郤 晉大夫叔虎邑也。从邑谷聲。綺戟切

鄇 晉之溫地。从邑侯聲。春秋傳曰：爭鄇田。胡遘切

邲 晉邑也。从邑必聲。春秋傳曰：晉楚戰于邲。毗必切

⿰非阝 河東聞喜縣。从邑非聲。薄回切

⿰虔阝 河東聞喜聚。从邑虔聲。渠焉切

⿰匡阝 河東聞喜鄉。从邑匡聲。去王切

鄈 河東臨汾地，即漢之所祭后土處。从邑癸聲。揆唯切

邢 周公子所封。地近河內懷。从邑幵聲。戶經切

鄔 太原縣。从邑烏聲。安古切

祁 太原縣。从邑示聲。巨支切

鄴 魏郡縣。从邑業聲。魚怯切

郱 鄭地郱亭。从邑井聲。戶經切

邯

郇篆誤當作郇孫本不誤

趙邯鄲縣从邑甘聲胡安切

鄲 邯鄲縣从邑單聲都寒切

郇 周武王子所封國在晉地从邑旬聲讀若泓相倫切

鄃 清河縣从邑俞聲式朱切

鄗 常山縣出祖所即位今為高邑从邑高聲呼各切

鄡 鉅鹿縣从邑梟聲牽遙切

鄚 涿郡縣从邑莫聲慕各切

郅 北地郁郅縣从邑至聲之日切

鄋 北方長狄國也在夏為防風氏在殷為汪茫氏从邑叜聲春秋傳曰鄋瞞侵齋所鳩切

鄦 炎帝太嶽之胤甫侯所封在潁川从邑無聲讀若許虛呂切

邟 潁川縣从邑亢聲苦浪切

郾 潁川縣从邑匽聲於建切

郟 潁川縣从邑夾聲工洽切

郪 新鄭汝南縣从邑妻聲七稽切

鄎 姬姓之國在淮北从邑息聲今汝南新鄎相即切

郋 汝南邵陵里从邑自聲讀若奚胡雞切

䣊 汝南鮦陽亭从邑旁聲步光切

郹 蔡邑也从邑狊聲春秋傳曰郹陽封人之女奔之古闃切

鄧 曼姓之國今屬南陽从邑登聲徒亙切

鄾 鄧國地也从邑憂聲春秋傳曰鄧南鄙鄾人攻之於求切

⿰号阝 南陽淯陽鄉从邑号聲乎刀切

鄛 南陽棗陽鄉从邑巢聲鉏交切

⿰襄阝 今南陽穰縣是从邑襄聲汝羊切

⿰婁阝 南陽穰鄉从邑婁聲力朱切

⿰里阝 南陽西鄂亭从邑里聲良止切

⿰羽阝 南陽舞陰亭从邑羽聲王榘切

郢 故楚都在南郡江陵北十里从邑呈聲以整切 **郢** 郢或省

鄢 南郡縣孝惠三年改名宜城从邑焉聲於乾切

鄳 江夏縣从邑黽聲莫杏切

鄂

縣下奪从字孫本同

邡下邑上應有小字刻脫此夫

鄮篆譌孫本同當作鄮

鄞篆譌當作鄞孫本不誤

虛孫本作虘是也

南陽陰鄉。从邑葛聲。古達切。鄂　江夏縣。从邑咢聲。五各切。邔　南陽縣。从邑己聲。居擬切。邾　江夏縣。从邑朱聲。陟輸切。鄖

漢南之國。从邑員聲。漢中有鄖關。羽文切。鄘　南夷國。从邑庸聲。余封切。郫　蜀縣也。从邑卑聲。符支切。⿰壽阝　蜀江原地。从邑壽聲。市流

切。⿰昔阝　蜀地也。从邑㫺聲。秦昔切。鄤　蜀廣漢鄉也。从邑蔓聲。讀若蔓。無販切。邡　什邡，廣漢縣。从邑方聲。府良切。⿰馬阝　存鄢

犍為縣。从邑馬聲。莫駕切。鄨　牂牁縣。从邑敝聲。讀若鷩雉之鷩。必袂切。⿰包阝　地名。从邑包聲。布交切。那　西夷國。从邑冄聲。安定有

朝那縣。諾何切。鄱　鄱陽，豫章縣。从邑番聲。薄波切。酃　長沙縣。从邑霝聲。郎丁切。郴　桂陽縣。从邑林聲。丑林切。⿰耒阝　今桂

陽䢚陽縣。从邑耒聲。盧對切。鄮　會稽縣。从邑貿聲。莫候切。鄞　會稽縣。从邑堇聲。語斤切。⿰市阝　沛郡。从邑市聲。博蓋切。

邴　宋下邑。从邑丙聲。兵永切。⿰虘阝　沛國縣。从邑虘聲。昨何切。⿰少阝　地名。从邑少聲。書沼切。⿰臣阝　地名。从邑臣聲。植鄰切。酁　宋地

也。从邑毚聲。讀若讒。士咸切。⿰晉阝　宋魯間地。从邑晉聲。即移切。郜　周文王子所封國。从邑告聲。古到切。鄄　衞地。今濟

陰鄄城。从邑垔聲。吉掾切。邛　邛地。在濟陰縣。从邑工聲。渠容切。鄶　祝融之後，妘姓所封。潧洧之間。鄭滅之。从邑會聲。古外切。邧

鄭邑也。从邑元聲。虞遠切。⿰延阝　鄭地。从邑延聲。以然切。郠　琅邪莒邑。从邑更聲。春秋傳曰：取郠。古杏切。鄅　妘姓之國。从邑

郡 孫本作鄉是也

禹聲春秋傳曰鄅人籍稻讀若規榘之榘王榘切

鄒 魯縣古邾國帝顓頊之後所封从邑芻聲側鳩切

𨛜 邾下邑地从邑余聲魯東有𨛜城讀若塗同都切

邿 附庸國在東平亢父邿亭从邑寺聲春秋傳曰取邿書之切

郰 魯下邑孔子之郡从邑取聲側鳩切

郕 魯孟氏邑从邑成聲氏征切

𨜏 周公所誅𨜏國在魯从邑奄聲依檢切

酄 魯下邑从邑雚聲春秋傳曰齊人來歸酄呼官切

郎 魯亭也从邑良聲魯當切

邳 奚仲之後湯左相仲虺所封國在魯薛縣从邑丕聲敷悲切

鄣 紀邑也从邑章聲諸良切

邗 國也今屬臨淮从邑干聲一曰邗本屬吴胡安切

𨟻 臨淮徐地从邑義聲春秋傳曰徐𨟻楚魚羈切

郈 東平無鹽鄉从邑后聲胡口切

郯 東海縣帝少昊之後所封从邑炎聲徒甘切

郚 東海縣故紀侯之邑也从邑吾聲五乎切

酅 東海之邑从邑巂聲戶圭切

鄫 姒姓國在東海从邑曾聲疾陵切

邪 琅邪郡从邑牙聲以遮切

邞 琅邪縣一名純德从邑夫聲甫無切

𨛣 齊地也从邑桼聲親吉切

郭 齊之郭氏虛善善不能進惡惡不能退是以亡國也从邑𦎫聲古博切

郳 齊地从邑兒聲春秋傳曰齊高厚定郳田五雞切

郣 郣海地从邑孛聲一曰地之起者曰郣臣鉉等曰今俗作渤非是蒲沒切

䣝 國也齊桓公之所滅从邑覃聲臣鉉等曰今作譚非是說文注義有譚長疑後人傳寫之誤徒含切

邭 地名从邑句聲

尹孫本同當作丑

鄗蒙譌當作𨜒孫本不誤

田孫本作曰是也

敲孫本同毛本作艹蔽是也

其俱切

郂 陳留鄉从邑亥聲古哀切

⿰𢦏阝 故國在陳留从邑𢦏聲作代切

酀 地名从邑燕聲烏前切

邱 地名从邑丘聲去鳩切

⿰如阝 地名从邑如聲人諸切

⿰尹阝 地名从邑尹聲女九切

邔 地名从邑几聲居履切

⿰翕阝 地名从邑翕聲希立切

⿰求阝 地名从邑求聲巨鳩切

⿰嬰阝 地名从邑嬰聲於郢切

⿰尚阝 地名从邑尚聲多朗切

郱 地名从邑并聲薄經切

⿰虖阝 地名从邑虖聲呼古切

邩 地名从邑火聲呼果切

鄝 地名从邑翏聲盧鳥切

鄬 地名从邑爲聲居爲切

邨 地名从邑屯聲臣鉉等田今俗作村非是此尊切

⿰舍阝 地名从邑舍聲式車切

⿰盍阝 地名从邑盍聲胡臘切

⿰乾阝 地名从邑乾聲古寒切

⿰㐭阝 地名从邑㐭聲讀若淫力荏切

⿰山阝 地名从邑山聲所閒切

⿰臺阝 地名从邑臺聲臺古堂字徒郎切

⿰馮阝 姬姓之國从邑馮聲房戎切

⿰敲阝 汝南安陽鄉从邑敲省聲苦怪切

郙 汝南上蔡亭从邑甫聲方矩切

酈 南陽縣从邑麗聲郎擊切

⿰䙴阝 地名从邑䙴聲七然切

𨸏 从反邑𨛜字从此闕

文一百八十四　重六

𨛜 鄰道也从邑从𨸏凡𨛜之屬皆从𨛜闕胡絳切今隸變作𨙨

鄉孫本同當作鄉

𨛜　國離邑民所封鄉也嗇夫別治封圻之内六鄉六鄉治之从䢅皀聲許良切

䢽　里中道从䢅从共皆在邑中所共也胡絳切

巷　篆文从䢅省

文三　重一

說文解字第六下

說文解字第七上　漢太尉祭酒許慎記

銀青光祿大夫守右散騎常侍上柱國東海縣開國子食邑五百戶臣徐鉉等奉

敕校定

五十六部　文七百一十四　重百一十五

凡八千六百四十七字

文四十二新附

日　實也太陽之精不虧从口一象形凡日之屬皆从日　人質切

囗　古文象形　旻　秋天也从日文聲虞書曰仁閔覆下則稱旻天　武巾切　時　四時也从日寺聲　市之切　旹　古文時从之日

早　晨也从日在甲上　子浩切　昒　尚冥也从日勿聲　呼骨切　昧　爽旦明也从日未聲一曰闇也　莫佩切　睹

姓孫本作姓是也

攴孫本作支是也

且孫本作旦是也

旦明也从日者聲當古切 晢 昭晣明也从日折聲禮曰晢明行事旨熱切 昭 日明也从日召聲止遙切 晤 明也从日吾聲詩曰晤辟有摽五故切 旳 明也从日勺聲易曰為旳顙都歷切 晄 明也从日光聲胡廣切 曠 明也从日廣聲苦謗切 旭 日旦出皃从日九聲讀若勗一曰明也臣鉉等曰九非聲未詳許玉切 晉 進也日出萬物進从日从臸易曰明出地上晉臣鉉等案臸到也會意即刃切 暘 日出也从日昜聲虞書曰暘谷與章切 晵 雨而晝姓也从日啓省聲康礼切 晹 日覆雲暫見也从日易聲羊益切 昫 日出溫也从日句聲北地有昫衍縣火于切又火句切 晛 日見也从日从見見亦聲詩曰見晛曰消胡甸切 晏 天清也从日安聲烏諫切 曣 星無雲也从日燕聲於甸切 景 光也从日京聲居影切 晧 日出皃从日告聲胡老切 暤 晧旰也从日皋聲胡老切 曄 光也从日从𠦪筠輒切 暉 光也从日軍聲許歸切 旰 晚也从日干聲春秋傳曰日旰君勞古案切 暆 日行暆暆也从日施聲樂浪有東暆縣讀若酏弋支切 晷 日景也从日咎聲居洧切 厢 日在西方時側也从日仄聲易曰日厢之離臣鉉等曰今俗別作昃非是阻力切 晚 莫也从日免聲無遠切 昏 日冥也从日氐省氐者下也一曰民聲呼昆切 曫 日且昏時从日䜌聲讀若新城䜌中洛官切 晻 不明也从日奄聲烏感切 暗 日無光也从日音聲烏紺切 晦 月盡也从日每聲荒內切 𣈶 埃𣈶日無光也从日

曡孫本同段从小徐本作絫是也

奴孫本同當作廾

曰孫本作日是也

能聲奴代切

曀 陰而風也从日壹聲詩曰終風且曀於計切

旱 不雨也从日干聲乎旰切

𣅄 望遠合也从日匕匕合也讀若窈窕之窈徐鍇曰比相近也故曰合也烏皎切

昴 白虎宿星从日卯聲莫飽切

曏 不久也从日鄉聲春秋傳曰曏役之三月許兩切

曩 曏也从日襄聲奴朗切

昨 曡日也从日乍聲在各切

暇 閑也从日叚聲胡嫁切

暫 不久也从日斬聲藏濫切

昪 喜樂皃从日弁聲皮變切

昌 美言也从日从曰一曰日光也詩曰東方昌矣臣鉉等曰曰亦言也尺良切

𡇒 籀文昌

暀 光美也从日往聲于放切

昄 大也从日反聲補綰切

昱 明日也从日立聲余六切

㬂 溫溼也从日赧省聲讀與赧同女版切

暍 傷暑也从日曷聲於歇切

暑 熱也从日者聲舒呂切

㬉 安㬉溫也从日難聲奴案切

㬎 衆微杪也从日中視絲古文以爲顯字或曰衆口皃讀若唫唫或以爲繭繭者絮中往往有小繭也五合切

㬥 晞也从日从出从奴从米薄報切

𣋡 古文㬥从日麃聲

曬 暴也从日麗聲所智切

暵 乾也耕暴田曰暵从日堇聲易曰燥萬物者莫暵于離臣鉉等曰當从漢省乃得聲呼旰切

晞 乾也从日希聲香衣切

昔 乾肉也从殘肉日以晞之與俎同意思積切

𦠔 籀文从肉

暱 日近也从日匿聲春秋傳曰私降暱燕尼質切

昵 暱或从尼

暬 曰狎習相慢也从日執聲私列切

𣈆 不見也从日否省聲美畢切

昆 同也

从匕徐鍇曰日日比之是同也古渾切　**晐**兼晐也从日亥聲古哀切　**普**日無色也从日从並徐鍇曰日無光則遠近皆同故从並滂古切

曉明也从日堯聲呼鳥切　**昕**旦明日將出也从日斤聲讀若希許斤切　文七十　重六

曈曈曨日欲明也从日童聲徒紅切　**曨**曈曨也从日龍聲盧紅切　**昈**明也从日戶聲侯古切　**昉**明也从日方聲分兩切

晙明也从日夋聲子峻切　**晟**明也从日成聲承正切　**昶**日長也从日永會意丑兩切　**暈**日月气也从日軍聲王問切

晬周年也从日卒卒亦聲子內切　**映**明也隱也从日央聲於敬切　**曙**曉也从日署聲常恕切　**昳**日昃也从日失聲徒結切

曇雲布也从日雲會意徒含切　**曆**曆象也从日厤聲史記通用歷郎擊切　**昂**舉也从日卬聲五岡切

昇日上也从日升聲古只用升識蒸切　文十六　新附

旦明也从日見一上一地也凡旦之屬皆从旦得案切

暨日頗見也从旦既聲其異切　文二

倝日始出光倝倝也从旦㫃聲凡倝之屬皆

倝 古案切

𠦝 闕 朝 旦也从倝舟聲陟遥切

文三

㫃 旌旗之游㫃蹇之皃从屮曲而下垂㫃相出入也讀若偃古人名㫃字子游凡㫃之屬皆从㫃 於幰切

㫃 古文㫃字象形及象旌旗之游 旐 龜蛇四游以象營室游游而長从㫃兆聲周禮曰縣鄙建旐治小切

旗 熊旗五游以象罰星士卒以爲期从㫃其聲周禮曰率都建旗渠之切 旆 繼旐之旗也沛然而垂从㫃𣲘聲蒲蓋切

旌 游車載旌析羽注旄首所以精進士卒从㫃生聲子盈切 旟 錯革畫鳥其上所以進士衆旟旟衆也从㫃與聲周禮曰州里建旟以諸切

旂 旗有衆鈴以令衆也从㫃斤聲渠希切 旞 導車所以載全羽以爲允允進也从㫃遂聲徐醉切 旝

旞或从遺 旝 建大木置石其上發以機以追敵也从㫃會聲春秋傳曰旝動而鼓詩曰其旝如林古外切 旃 旗曲柄也所以旃表衆

从㫃丹聲周禮曰通帛爲旃諸延切 旜 旃或从亶
⿸㫃攸 旌旗之流也从㫃攸聲以周切
⿸㫃要 旗屬从㫃要聲烏皎切
施 旗皃从㫃也聲亝欒施字子旗知施者旗也式支切
旖 旗旖施也从㫃奇聲於离切
旚 旌旗旚繇也从㫃票聲匹招切
⿸㫃猋 旌旗飛揚皃从㫃猋聲甫遙切
游 旌旗之流也从㫃汓聲以周切 𨒫 古文游
旇 旌旗披靡也从㫃皮聲敷羈切
旋 周旋旌旗之指麾也从㫃从疋疋足也徐鍇曰人足隨旌旗以周旋也似沿切
旄 幢也从㫃从毛毛亦聲莫袍切
旛 旛胡也从㫃番聲臣鉉等曰胡幅之下垂者也孚袁切
旅 軍之五百人爲旅从㫃从从从俱也力舉切 𣃨 古文旅古文以爲魯衛之魯
族 矢鋒也束之族族也从㫃从矢昨木切

文二十三　重五

冥 幽也从日从六冂聲日數十十六日而月始虧幽也凡冥之屬皆从冥莫經切
鼆 冥也从冥黽聲讀若黽蛙之黽武庚切

文二

晶 精光也从三日凡晶之屬皆从晶子盈切

朏篆譌當作𦜊孫本不誤

曐 萬物之精上爲列星从晶生聲一曰象形从口古口復注中故與日同桑經切 曐 古文星 星 曐或省

曑 商星也从晶㐱聲臣鉉等曰㐱非聲未詳所今切 曑 曑或省

曟 房星爲民田時者从晶辰聲植鄰切 曟 曟或省

疊 揚雄説以爲古理官決罪三日得其宜乃行之从晶从宜亡新以爲疊从三日太盛改爲三田徒叶切

文五 重四

月 闕也太陰之精象形凡月之屬皆从月魚厥切

朔 月一日始蘇也从月屰聲所角切

朏 月未盛之明从月出周書曰丙午朏普乃切又芳尾切

霸 月始生霸然也承大月二日承小月三日从月䨣聲周書曰哉生霸普伯切臣鉉等曰今俗作必駕切以爲霸王字 𩅿 古文霸

朗 明也从月良聲盧黨切

朓 晦而月見西方謂之朓从月兆聲土了切

肭 朔而月見東方謂之縮肭从月内聲女六切

期 會也从月其聲渠之切 𣍧 古文期从日丌

文八 重二

朦 月朦朧也从月蒙聲莫工切

朧 朦朧也从月龍聲盧紅切

文二 新附

以明 孫本作从朙是也

有 不宜有也春秋傳曰日月有食之从月又聲凡有之屬皆从有 云九切

𩔗 有文章也从有𢦏聲 於六切 龓 兼有也从有龍聲 讀若聾 盧紅切 文三

朙 照也从月从囧凡朙之屬皆从朙 武兵切 明 古文朙从日

朚 翌也从明亡聲 呼光切 文二 重一

囧 窻牖麗廔闓明象形凡囧之屬皆从囧讀若獷 賈侍中說讀與明同 俱永切

𥂝 周禮曰國有疑則盟諸侯再相與會十二歲一盟北面詔天之司愼司命𥂝殺牲歃血朱盤玉敦以立牛耳从囧从血 武兵切 盟 篆文从明 𥂴 古文从明 文二 重二

夕 莫也从月半見凡夕之屬皆从夕 祥易切

惕孫本作愓是也

夜 舍也天下休舍也从夕亦省聲羊謝切 夢 不明也从夕瞢省聲莫忠切又亡貢切 夗 轉臥也从夕从卪臥有卪也於阮切 夤 敬惕也从夕寅聲易曰夕惕若夤翼真切 夤 籀文夤 夝 雨而夜除星見也从夕生聲臣鉉等曰今俗別作晴非是疾盈切 外 遠也卜尚平旦今夕卜於事外矣五會切 外 古文外 夙 早敬也从丮持事雖夕不休早敬者也臣鉉等曰今俗書作夙譌息逐切 㑉 古文夙从人㐁 𠈐 亦古文夙从人西宿从此 ⿱莫夕 宋也从夕莫聲莫白切

文九　重四

多 重也从重夕夕者相繹也故爲多重夕爲多重日爲曡凡多之屬皆从多得何切 ⿰夕夕 古文多 夥 齊謂多爲夥从多果聲乎果切 ⿰多圣 大也从多圣聲苦回切 ⿱尚多 厚脣皃从多从尚徐鍇曰多卽厚也陟加切

文四　重一

毌 穿物持之也从一橫貫象寶貨之形凡毌之

毌孫本作毋是也

四马字孫本皆作马是也

二马字孫本同當作马

屬皆从毌讀若冠古丸切

貫錢貝之貫从毌貝古玩切

虜獲也从毌从力虍聲郎古切

文三

马嘾也艸木之華未發圅然象形凡马之屬皆从马讀若含乎感切

𢎘舌也象形舌體马马从马马亦聲胡男切

肣俗圅从肉今

甹木生條也从马由聲商書曰若顛木之有甹枿古文言由枿徐鍇曰說文無由字今尚書只作由枿盖古文省马而後人因省之通用爲因由等字从马上象枝條華圅之形臣鉉等案孔安国注尚書直訓由作用也用枿之語不通以州切

甬艸木華甬甬然也从马用聲余隴切

𢎗艸木马盛也从二马胡先切

文五　重一

𣐺木垂華實从木马马亦聲凡𣐺之屬皆从𣐺胡感切

鹵篆譌當作𠧪 係木不誤

韢 束也从束韋聲徐鍇曰言束之象大華實之相累也于非切

鹵 艸木實垂鹵鹵然象形凡鹵之屬皆从鹵讀若調徒遼切

文二

𠧪 籒文三鹵為鹵 栗 木也从木其實下垂故从鹵力質切 𠧪 古文栗从西从二鹵徐巡說木至西方戰栗

粟 嘉穀實也从鹵从米孔子曰粟之為言續也相玉切 𥻆 籒文粟

文三 重三

齊 禾麥吐穗上平也象形凡亝之屬皆从亝徐鍇曰生而齊者莫若禾麥二地也兩傍在低處也徂兮切

齋 等也从亝妻聲徂兮切

文二

朿 木芒也象形凡朿之屬皆从朿讀若刺七賜切

棗 羊棗也从重朿子皓切 棘 小棗叢生者从並朿己力切

文三

片 判木也从半木凡片之屬皆从片 匹見切

版 判也从片反聲 布綰切 𤗏 判也从片畐聲 芳逼切 牘 書版也从片賣聲 徒谷切 牒 札也从片枼聲 徒叶切

牑 牀版也从片扁聲讀若邊 方田切 牖 穿壁以木為交窗也从片戶甫 譚長以為甫上日也非戶也牖所以見日 與久切

牏 築牆短版也从片俞聲讀若俞一曰若紐 度矦切

文八

鼎 三足兩耳和五味之寶器也昔禹收九牧之金鑄鼎荆山之下入山林川澤螭魅蝄蜽莫能逢之以協承天休易卦巽木於下者為鼎象析木以炊也籀文以鼎為貞字凡鼎之屬皆从鼎 都挺切

鼒 鼎之圜掩上者从鼎才聲詩曰鼐鼎及鼒 子之切 鎡 俗鼒从金从茲

鼐 鼎之絕大者从鼎乃聲魯詩

鼏孫本作鼏是也

彔篆譌當作𢑚孫本不誤

說鼐小鼎奴代切

[篆]以木橫貫鼎耳而舉之从鼎冂聲周禮廟門容大鼏七箇即易玉鉉大吉也莫狄切

文四　重一

[篆]肩也象屋下刻木之形凡克之屬皆从克徐鍇曰肩任也負何之名也與人肩膊之義通能勝此物謂之克苦得切

[篆]古文克　[篆]亦古文克

文一　重二

[篆]刻木彔彔也象形凡彔之屬皆从彔盧谷切

文一

[篆]嘉穀也二月始生八月而孰得時之中故謂之禾禾木也木王而生金王而死从木从𠂹省𠂹象其穗凡禾之屬皆从禾戶戈切

齋係木同當作齋

種係木同當作稙

秀 上諱 漢光武帝名也徐鍇曰禾實也有實之象下垂也息救切 稼 禾之秀實爲稼莖節爲禾从禾家聲一曰稼家事也一曰在野曰稼古訝切 穡 穀可收曰穡从禾嗇聲所力切 穜 埶也从禾童聲之用切 稙 早穜也从禾直聲詩曰種稚朩麥常職切 種 先穜後孰也从禾重聲直容切 稑 疾孰也从禾坴聲詩曰黍稷種稑力竹切 穋 稑或从翏 稺 幼禾也从禾屖聲直利切 稹 穜概也从禾眞聲周禮曰稹理而堅之忍切 稠 多也从禾周聲直由切 概 稠也从禾既聲几利切 稀 疏也从禾希聲徐鍇曰當言从爻从巾無聲字爻者稀疏之義與爽同意巾象禾之根莖至於莃晞皆當从稀省何以知之說文無希字故也香依切 穖 禾也从禾蔑聲莫結切 穆 禾也从禾㣎聲莫卜切 私 禾也从禾厶聲北道名禾主人曰私主人息夷切 [illegible] 稻紫莖不黏也从禾糞聲讀若靡扶沸切 稷 齋也五穀之長从禾畟聲子力切 [illegible] 古文稷省 齋 稷也从禾齊聲即夷切 秶 齋或从次 秫 稷之黏者从禾朮象形食聿切 朮 秫或省禾 穄 穄也从禾祭聲子例切 稻 稌也从禾舀聲徒皓切 稌 稻也从禾余聲周禮曰牛宜稌徒古切 稬 沛國謂稻曰稬从禾耎聲奴亂切 稴 稻不黏者从禾兼聲讀若風廉之廉力兼切 秔 稻屬从禾亢聲古行切 稉 秔或

百孫本同藤花榭本作古是也

未孫本作末是也

采字後小徐本有𦳇穟二篆則不載穟即在穗後今此宋本移後另立一字附耳又五音韻譜采部穗穟二字並在采字前似即此本同小徐穗下無禾字凡四字

在孫本作秠是也

續孫本同當作讀

曰孫本作切是也

禹孫本作烏是也

秋孫本作秩是也

桌孫本同當作粟

从更聲

秏 稻屬从禾毛聲伊尹曰飯之美者玄山之禾南海之秏呼到切

穬 芒粟也从禾廣聲古猛切

秜 稻今年落來年自生謂之秜从禾尼聲里之切

稗 禾別也从禾卑聲琅邪有稗縣旁卦切

移 禾相倚移也从禾多聲一曰禾名臣鉉等曰多與移聲不相近蓋古有此音弋支切

穎 禾末也从禾頃聲詩曰禾穎穟穟余頃切

𥞥 齊謂麥𥞥也从禾來聲洛哀切

采 禾成秀也人所以收从爪禾徐醉切

穗 采或从禾惠聲

𥝩 禾危穗也从禾勺聲都了切

穟 禾采之皃从禾遂聲詩曰禾穎穟穟徐醉切

䔹 穟或从艸

𥠉 禾垂皃从禾耑聲讀若端丁果切

䅥 禾舉出苗也从禾曷聲居謁切

秒 禾芒也从禾少聲亡沼切

穖 禾穖也从禾幾聲居狶切

秠 一稃二米从禾丕聲詩曰誕降嘉穀惟秬惟秠天賜后稷之嘉穀也敷悲切

秨 禾搖皃从禾乍聲讀若昨在各切

穮 耕禾間也从禾麃聲春秋傳曰是穮是衮甫嬌切

䅁 轢禾也从禾安聲烏旰切

秄 壅禾本从禾子聲即里切

穧 穫刈也一曰撮也从禾齊聲在詣切

穫 刈穀也从禾蒦聲胡郭切

𥢶 積禾也从禾資聲詩曰𥢶之秩秩即夷切

積 聚也从禾責聲則歷切

秩 積也从禾失聲詩曰𥢶之秩秩直質切

稛 絭束也从禾困聲苦本切

稞 穀之善者从禾果聲一曰無皮穀胡瓦切

秳 舂粟不潰也从禾昏聲戸括切

𥝌 稃也

春

末孫本作未是也

稾孫本作稾是也

黠孫本同當作黠

稍孫本同當作肙

有孫本作肖是也

三孫本作二是也

从禾气聲居气切 稃 䅣也从禾孚聲芳無切 𥹃 稃或从米付聲 䅣 穅也从禾會聲苦會切 穅 穀皮也从禾从米庚聲苦岡切 康 穅或省 䅿 禾皮也从禾羔聲臣鉉等曰羔聲不相近末詳之若切 稭 禾稾去其皮祭天以爲席从禾皆聲古黠切 稈 禾莖也从禾旱聲春秋傳曰或投一秉稈古旱切 秆 稈或从干 稾 稈也从禾高聲古老切 秕 不成粟也从禾比聲卑履切 䅌 麥莖也从禾稍聲古玄切 𥝩 黍穰也从禾列聲良薛切 穰 黍𥝩已治者从禾襄聲汝羊切 秧 禾若秧穰也从禾央聲於良切 䅋 䅋䅊穀名从禾旁聲蒲庚切 䅊 䅋䅊也从禾皇聲戶光切 秊 穀孰也从禾千聲春秋傳曰大有秊奴顛切 穀 續也百穀之總名从禾殸聲古祿切 稔 穀孰也从禾念聲春秋傳曰鮮不五稔而甚切 租 田賦也从禾且聲則吾切 稅 租也从禾兌聲輸芮切 䅜 禾也从禾道聲司馬相如曰䅜一莖六穗徒到切 𥝴 虛無食也从禾荒聲呼光切 穌 把取禾若也从禾魚聲素孤切 稍 出物有漸也从禾有聲所教切 秋 禾穀孰也从禾𪓐省聲七由切 𪛁 籒文不省 秦 伯益之後所封國地宜禾从禾舂省一曰秦禾名匠鄰切 𥠭 籒文秦从秝 稱 銓也从禾爯聲春分而禾生日夏至晷景可度禾有秒秋分而秒定律數十三秒而當一分十分而寸其以爲重十二粟爲一分十二分爲一銖故諸

狄孫本作擊

程品皆从禾處陵切 程也从禾从斗斗者量也苦禾切 品也十髮爲程十程爲分十分爲寸从禾呈聲直貞切

布之八十縷爲稯从禾嵏聲子紅切 籀文稯省 五稯爲秭从禾𠂔聲一曰數億至萬曰秭將几切 二秭爲秅从禾乇聲周禮曰二百四十斤爲秉四秉曰筥十筥曰稯十稯曰秅四百秉爲一秅宅加切 百二十斤也稻一秅爲粟二十升禾黍一秅爲粟十六升大半升从禾石聲常隻切 復其時也从禾其聲虞書曰稘三百有六旬居之切

文八十七　重十三

蹂穀聚也一曰安也从禾隱省古通用安隱烏本切 束稈也从禾臺聲之閏切

文二　新附

稀疏適也从二禾凡秝之屬皆从秝讀若歷郎狄切

并也从又持秝兼持二禾秉持一禾古甜切

文二

禾屬而黏者也以大暑而種故謂之黍从禾雨省聲孔子曰黍可爲酒禾入水也凡黍之屬皆从黍舒呂切

曰孫本作日是也
⿰黍刃孫本作䵒是也

香馨馥三篆所从之甘皆譌當作曰孫本不誤

䵚穄也从黍麻聲靡爲切 𪏻黍屬从黍卑聲并弭切 黏相箸也从黍占聲女廉切 䵫黏也从黍古聲古吳切 粘黏或从米 䵒黏也从黍日聲春秋傳曰不義不黏尼質切 ⿰黍刃䵒或从刃 䵏履、黏也从黍㓞省聲㓞古文利作履黏以黍米郎奚切 䵛治黍禾豆下潰葉从黍畐聲蒲北切

文八　重二

香芳也从黍从甘春秋傳曰黍稷馨香凡香之屬皆从香許良切

馨香之遠聞者从香殸聲殸籒文磬呼形切

文二

馥香气芬馥也从香复聲房六切

文一　新附

米粟實也象禾實之形凡米之屬皆从米莫禮切

粱米名也从米梁省聲呂張切 ⿰米焦早取穀也从米焦聲一曰小側角切 粲稻重一䄷爲粟二十斗爲米十斗曰毇爲米六斗太半斗曰粲从米奴聲倉案切 糲粟重一䄷爲十六斗太半斗舂爲米一斛曰糲从米萬聲洛帶切 精擇也从米

茱孫本作棐是也

𥻗家誤當作𥻗孫本亦誤

春孫本作舂是也

夕孫本作久是也

青聲子盈切 粺 毇也从米卑聲旁卦切 粗 疏也从米且聲徂古切 粊 惡米也从米北聲周書有𦳼誓兵媚切

糱 牙米也从米辥聲魚列切 粒 糂也从米立聲力入切 㿽 古文粒 釋 漬米也从米睪聲施隻切 糂

以米和羹也一曰粒也从米甚聲桑感切 糣 籀文糂从朁 糝 古文糂从參 糪 炊米者謂之糪从

米辟聲博厄切 糜 糝也从米麻聲靡為切 䉽 糜和也从米覃聲讀若譚徒感切 𥻗 潰米也从米尼聲交阯有𥻗泠縣武夷切 䊦

酒母也从米𥻨省聲驅六切 䴛 䊦或从麥鞠省聲 糟 酒滓也从米曹聲作曹切 醩 籀文从酉 糒 乾也从米葡聲

平祕切 糗 熬米麥也从米臭聲去九切 𥹊 春糗也从臼米其九切 糈 糧也从米胥聲私呂切 糧 穀也

从米量聲呂張切 粈 雜飯也从米丑聲女夕切 糴 穀也从米翟聲他弔切 䊳 㯻也从米蔑聲莫撥切 粹

不雜也从米卒聲雖遂切 氣 饋客芻米也从米气聲春秋傳曰齊人來氣諸侯許既切 槩 氣或从既 餼 氣或从食

粠 陳臭米从米工聲戶工切 粉 傅面者也从米分聲方吻切 䊜 粉也从米卷聲去阮切 𥽪 糳也从米悉聲

私列切 糳 𥽪糳散之也从米殺聲桑割切 [米靡] 碎也从米靡聲摸臥切 竊 盜自中出曰竊从穴从米禼廿皆聲廿古文

寒孫本作𡨍是也
千孫本作千是也

舂孫本作舂是也
臬孫本作臬是也

舂孫本作舂是也

曰孫本作臼是也

寒爲古文偄千結切

文三十六　重七

粻食米也从米長聲陟良切

粕糟粕酒滓也从米白聲匹各切

粔粔籹膏環也从米巨聲其呂切

籹粔籹也从米女聲人渚切

糉蘆葉裹米也从米㚇聲作弄切

糖飴也从米唐聲徒郎切

文六　新附

毇米一斛舂爲八斗也从臬从殳凡毇之屬皆从毇許委切

糳糲米一斛舂爲九斗曰糳从毇丵聲則各切

文二

臼舂也古者掘地爲臼其後穿木石象形中米也凡臼之屬皆从臼其九切

舂擣粟也从廾持杵臨臼上午杵省也古者雝父初作舂書容切

𦥑齊謂舂曰𦥑从臼屰聲讀若膊匹各切

臿舂去麥皮也从臼干所以臿之楚洽切

舀抒臼也从爪臼詩曰或簸或舀以沼切

𢬵舀或从手从宂

𦥔舀或从臼宂

臽小阱也从人在臼上戶猶切

文六　重二

凶惡也象地穿交陷其中也凡凶之屬皆从凶許容切

兇擾恐也从人在凶下春秋傳曰曹人兇懼許拱切

文二

說文解字第七上

朮孫本作朩是也
木孫本作朩是也

林孫本同當作𣏟

林均應作𣏟孫本亦誤

說文解字第七下　漢太尉祭酒許氏記

銀青光祿大夫守右散騎常侍上柱國東海縣開國子食邑五百戶臣徐鉉等奉

敕校定

朩 分枲莖皮也从屮八象枲之皮莖也凡朩之屬皆从朩讀若髕 匹刃切

枲 麻也从朩台聲 胥里切 𣓆 籀文枲从林从辝

文二　重一

林 葩之總名也林之爲言微也微纖爲功象形凡林之屬皆从林 匹卦切

𣏟 枲屬从林熒省詩曰衣錦𣏟衣 去穎切

𢿙 分離也从攴从林林分𢿙之意也 穌旰切

文三

麻 與林同人所治在屋下从广从林凡麻之屬皆

从麻。莫遐切

䵆 未練治纑也。从麻後聲。臣鉉等曰：後非聲，疑復字譌，當从復省乃得聲。空谷切

𪎌 麻藍也。从麻取聲。側鳩切

䵆 檾屬。从麻俞聲。度侯切

文四

尗 豆也。象尗豆生之形也。凡尗之屬皆从尗。式竹切

𣐀 配鹽幽尗也。从尗支聲。是義切

豉 俗𣐀从豆

文二　重一

耑 物初生之題也。上象生形，下象其根也。凡耑之屬皆从耑。臣鉉等曰：中一，地也。多官切

文一

韭 菜名。一種而久者，故謂之韭。象形，在一之上。一，地也。此與耑同意。凡韭之屬皆从韭。舉友切

𩐯 齏也。从韭隊聲。徒對切

韲 墜也。从韭，次、𠂔皆聲。祖雞切

齏 韲或从齊

䪥 菜也。葉似韭。从韭㕡聲。胡戒切

庚孫本作庾是也

韱 山韭也从韭𢦏聲息廉切

䪤 小蒜也从韭番聲附袁切

文六　重一

瓜 㼌也象形凡瓜之屬皆从瓜古華切

瓝 小瓜也从瓜交聲臣鉉等曰交非聲未詳蒲角切

瓞 㼊也从瓜失聲詩曰緜緜瓜瓞徒結切

𤬪 瓞或从弗

𤮏 小瓜也从瓜熒省聲戶扃切

𤬹 瓜也从瓜繇省聲余昭切

瓣 瓜中實从瓜辡聲蒲莧切

㼌 本不勝末微弱也从二瓜讀若庚以主切

文七　重一

瓠 匏也从瓜夸聲凡瓠之屬皆从瓠胡誤切

瓢 蠡也从瓠省㮛聲符宵切

文二

宀 交覆深屋也象形凡宀之屬皆从宀武延切

家 居也从宀豭省聲古牙切

𡨦 古文家

宅 所託也从宀乇聲場伯切

𡧡 古文宅

厇 亦古文宅

室 實也从宀从至至所止也式質切

宣 天子宣室也从宀亘聲須緣切

向 北出牖也从宀从口詩曰塞向墐戶徐鍇曰牖所以通人气

又孫本作又是也

故从口許諒切 宧 養也室之東北隅食所居从宀匠聲與之切 窔 戶樞聲也室之東南隅从宧聲烏皎切 奧 宛也室之西南隅从宀𡬜聲臣鉉等曰𡬜非聲未詳烏到切 宛 屈草自覆也从宀夗聲於阮切 惌 宛或从心 宸 屋宇也从宀辰聲植鄰切 宇 屋邊也从宀于聲易曰上棟下宇王榘切 寓 籀文宇从禹 寷 大屋也从宀豐聲易曰寷其屋敷戎切 寏 周垣也从宀奐聲胡官切 院 寏或从𨸏又爰眷切 宏 屋深響也从宀厷聲戶萌切 㝃 屋響也从宀弘聲戶萌切 寪 屋皃从宀爲聲韋委切 㝩 屋㝩㝗也从宀康聲苦岡切 㝗 㝩也从宀良聲音良又力康切 寍 安也从宀心在皿上人之飲食器所以安人奴丁切 定 安也从宀从正徒徑切 寔 止也从宀是聲常隻切 安 靜也从女在宀下烏寒切 宓 安也从宀必聲美畢切 㝮 靜也从宀契聲於計切 宴 安也从宀晏聲於甸切 宋 無人聲从宀尗聲前歷切 誎 宋或从言 察 覆也从宀祭臣鉉等曰祭祀必天質明明察也故从祭初八切 親 至也从宀親聲初僅切 完 全也从宀元聲古文以爲寬字胡官切 富 備也一曰厚也从宀畐聲方副切 實 富也从宀从貫貫貨貝也神質切 宲 藏也从宀𥹷聲𥹷古文保周書曰陳宲赤刀博褎切 容 盛也从宀谷臣鉉等曰屋與谷皆所以盛受也余封切

⿱宀⿱宀高⿱宀高不見省人孫本同小徐本作⿱宀高⿱宀高不省人段氏从之是也

入孫本同當作久

八孫本作入是也

⿱宀⿱𥫗執孫本同當作[illegible] 宊執

⿱宀公 古文容从公

宂 椒也从宀人在屋下無田事周書曰宮中之宂食 而隴切

⿱宀高 ⿱宀高⿱宀高不見也一曰⿱宀高⿱宀高不見省人从宀⿱宀高聲

寶 珍也从宀从王从貝缶聲 博皓切

⿱宀⿰王缶 古文寶省貝

宭 羣居也从宀君聲 渠云切

宦 仕也从宀从臣 胡慣切

宰 辠人在屋下執事者从宀从辛辛辠也 作亥切

守 守官也从宀从寸寺府之事者从寸寸法度也 書九切

寵 尊居也从宀龍聲 丑壟切

宥 寬也从宀有聲 于救切

宜 所安也从宀之下一之上多省聲 魚羈切

𡨚 古文宜

𡧪 亦古文宜

寫 置物也从宀舄聲 悉也切

宵 夜也从宀宀下冥也肖聲 相邀切

宿 止也从宀㑒聲㑒古文夙 息逐切

寑 卧也从宀𠬶聲 七荏切

⿱宀𠬶 籀文寑省

𡧱 冥合也从宀丏聲讀若周書若藥不瞑眩 莫甸切

寬 屋寬大也从宀萈聲 苦官切

⿱宀吾 寤也从宀吾聲 五故切

寁 居之速也从宀疌聲 子感切

寡 少也从宀从頒頒分賦也故爲少 古瓦切

客 寄也从宀各聲 苦格切

寄 託也从宀奇聲 居義切

寓 寄也从宀禺聲 牛具切

庽 寓或从广

寠 無禮居也从宀婁聲 其榘切

⿱宀久 貧病也从宀入聲詩曰煢煢在⿱宀久 居又切

寒 凍也从人在宀下以茻薦覆之下有仌 胡安切

害 傷也从宀从口宀口言从家起也丰聲 胡蓋切

索 八家搜也从宀索聲 所責切

⿱宀⿱𥫗執 窮也从宀⿱𥫗執聲⿱𥫗執與𥷚同 居六切

⿱穴⿱𥫗執 ⿱宀⿱𥫗執或从穴

宄 姦也外爲盜內爲宄

鯆 孫本作洧

宔篆譌 孫本同 當作宔

从宀九聲讀若軌居鯆切 宄 古文宄 𡧱 亦古文宄

𡨦 塞也从宀㪇聲讀若虞書曰𡨦三苗之𡨦麤最切

宕 過也一曰洞屋从宀碭省聲汝南項有宕鄉徒浪切

宋 居也从宀从木讀若送臣鉉等曰木者所以成室以居人也蘇統切

𡪢 屋傾下也从宀執聲都念切

宗 尊祖廟也从宀从示作冬切

宔 宗廟宔祏从宀主聲之庾切

宙 舟輿所極覆也从宀由聲直又切

文七十一　重十六

寘 置也从宀真聲支義切

寰 王者封畿内縣也从宀睘聲戶關切

寀 同地爲寀从宀采聲倉宰切

文三 新附

宮 室也从宀躳省聲凡宮之屬皆从宮居戎切

營 市居也从宮熒省聲余傾切

文二

呂 脊骨也象形昔太嶽爲禹心呂之臣故封呂侯凡呂之屬皆从呂力舉切

膂 篆文呂从肉从旅

躳 身也从身从呂居戎切

躬 躳或从弓

文二　重二

𥥛篆譌當作𥥛孫本亦誤

鳥孫本同當作烏

穴 土室也从宀八聲凡穴之屬皆从穴胡決切

𥤢 北方謂地空因以爲土穴爲𥤢戶从穴皿聲讀若猛武永切 窨 地室也从穴音聲於禁切 窯 燒瓦竈也从穴羔聲余招切

𥨍 地室也从穴復聲詩曰陶𥨍陶穴芳福切 竈 炊竈也从穴鼀省聲則到切 竈 竈或不省 窐 甑空也从穴圭聲烏瓜切

𥥍 深也一曰竈突从穴从火从求省式鍼切 穿 通也从牙在穴中昌緣切 竂 穿也从穴尞聲論語有公伯竂洛蕭切

𥥛 穿也从穴決省聲於決切 𥨸 深抉也从穴从抉於決切 竇 空也从穴瀆省聲徒奏切 𥨷 空皃从穴矞聲呼決切

窠 空也穴中曰窠樹上曰巢从穴果聲苦禾切 窻 通孔也从穴忽聲楚江切 窊 污衺下也从穴瓜聲烏瓜切 竅 空也从穴敫聲牽料切

空 竅也从穴工聲苦紅切 𥦃 空也从穴巠聲詩曰缾之𥦃矣去徑切 穵 空大也从穴乙聲烏黠切

窳 污窬也从穴㼌聲朔方有窳渾縣以主切 窞 坎中小坎也从穴从臽臽亦聲易曰入于坎窞一曰㫄入也徒感切 窌 窖也从穴卯聲匹皃切

窖 地藏也从穴告聲古孝切 窬 穿木戶也从穴俞聲一曰空中也羊朱切 窵 窵窅深也从穴鳥聲多嘯切

窺 小視也从穴規聲去隓切 𥦎 正視也从穴中正見也正亦聲敕貞切 窡 穴中見也从穴叕聲丁滑切 窋 物在穴中皃从穴中出丁滑切

刺孫本同當作刺

窴 塞也从穴眞聲待季切 窒 塞也从穴至聲陟栗切 突 犬从穴中暫出也从犬在穴中一曰滑也徒骨切 竄 墜也从鼠在穴中七亂切 窣 从穴中卒出从穴卒聲蘇骨切 窘 迫也从穴君聲渠隕切 窕 深肆極也从穴兆聲讀若挑徒了切 穹 窮也从穴弓聲去弓切 究 窮也从穴九聲居又切 窮 極也从穴躳聲渠弓切 䆗 冥也从穴皀聲烏皎切 窔 窔窔深也从穴交聲烏叫切 邃 深遠也从穴遂聲雖遂切 窈 深遠也从穴幼聲烏皎切 窱 杳窱也从穴條聲徒弔切 竁 穿地也从穴毳聲一曰小鼠周禮曰大喪甫竁充芮切 窆 葬下棺也从穴乏聲周禮曰及窆執斧方驗切 窀 葬之厚夕从穴屯聲春秋傳曰窀穸从先君於地下陟輪切 穸 窀穸也从穴夕聲詞亦切 𥥍 入衇刺穴謂之𥥍从穴甲聲烏狎切

文五十一 重一

㝱 寐而有覺也从宀从疒夢聲周禮以日月星辰占六㝱之吉凶一曰正㝱二曰𠷎㝱三曰思㝱四曰悟㝱五曰喜㝱六曰懼㝱凡㝱之屬皆从㝱莫鳳切

評孫本作評是也

寢 病臥也从㝱省𡨦省聲七荏切 寐 臥也从㝱省未聲蜜二切 寤 寐覺而有信曰寤从㝱省吾聲一曰晝見而夜㝱也五故切 ⿸㝱吾 籀文寤 㝲 楚人謂寐曰㝲从㝱省女聲依倨切 𥨊 寐而未厭从㝱省米聲莫禮切 㝯 孰寐也从㝱省水聲讀若悸求癸切 寎 臥驚病也从㝱省丙聲皮命切 寱 瞑言也从㝱省臬聲牛例切 寣 臥驚也一曰小兒號寣寣一曰河內相評也从㝱省从言火滑切

文十　重一

疒 倚也人有疾病象倚箸之形凡疒之屬皆从疒 女戹切

疾 病也从疒矢聲秦悉切 𤼷 古文疾 𤻮 籀文疾 痛 病也从疒甬聲他貢切 病 疾加也从疒丙聲皮命切 瘣 病也从疒鬼聲詩曰譬彼瘣木一曰腫旁出也胡罪切 疴 病也从疒可聲五行傳曰時即有口痾烏何切 痡 病也从疒甫聲詩曰我僕痡矣普胡切 瘽 病也从疒堇聲巨斤切 瘵 病也从疒祭聲側介切 瘨 病也从疒真聲一曰腹張都季切 瘼 病也从疒莫聲慕各切 㽲 腹中急也从疒丩聲古巧切 ⿸疒員 病也从疒員聲王問切 癇 病也从疒

五

干孫本作于是也

閒聲戶閒切 ⿸疒出 病也从疒出聲五忽切 疵 病也从疒此聲疾咨切 癈 固病也从疒發聲方肺切 瘏 病也从疒者聲詩曰我馬瘏矣同都切 瘲 病也从疒從聲即容切 ⿸疒辛 寒病也从疒辛聲所臻切 ⿸疒或 頭痛也从疒或聲讀若溝洫之洫吁逼切 痟 酸痟頭痛从疒肖聲周禮曰春時有痟首疾相邀切 疕 頭瘍也从疒匕聲卑履切 瘍 頭創也从疒昜聲與章切 痒 瘍也从疒羊聲似陽切 ⿸疒馬 目病一曰惡气箸身也一曰蝕創从疒馬聲莫駕切 ⿸疒斯 散聲从疒斯聲先稽切 ⿸疒爲 口咼也从疒爲聲韋委切 疦 ⿸疒爲也从疒決省聲古穴切 瘖 不能言也从疒音聲於今切 癭 頸瘤也从疒嬰聲於郢切 瘻 頸腫也从疒婁聲力豆切 ⿸疒又 顫也从疒又聲干救切 瘀 積血也从疒於聲依倨切 疝 腹痛也从疒山聲所晏切 疛 小腹病从疒肘省聲陟柳切 ⿸疒奰 滿也从疒奰聲平祕切 ⿸疒付 俛病也从疒付聲方榘切 痀 曲脊也从疒句聲其俱切 瘚 屰气也从疒从屰从欠居月切 欮 瘚或省疒 ⿸疒季 气不定也从疒季聲其季切 痱 風病也从疒非聲蒲罪切 瘤 腫也从疒留聲力求切 痤 小腫也从疒坐聲一曰族絫 臣鉉等曰今別作瘯蠡非是 昨禾切 疽 癰也从疒且聲七余切 ⿸疒麗 癰也从疒麗聲一曰瘦黑讀若隸郎計切 癰 腫也从疒雝聲於容切 瘜 寄肉也从疒息

王孫本作玉是也
尤孫本作尣是也
跋孫本作跛是也

聲相即切
癬 乾瘍也从疒鮮聲息淺切
疥 搔也从疒介聲古拜切
痂 疥也从疒加聲古牙切
瘕 女病也从疒叚聲乎加切
癘 惡疾也从疒蠆省聲洛帶切
瘧 熱寒休作从疒从虐虐亦聲魚約切
痁 有熱瘧从疒占聲春秋傳曰齊侯疥遂痁失廉切
痎 二日一發瘧从疒亥聲古諧切
痳 疝病从疒林聲力尋切
痔 後病也从疒寺聲直里切
痿 痹也从疒委聲儒隹切
痹 溼病也从疒畀聲必至切
⿸疒畢 足气不至也从疒畢聲毗至切
瘃 中寒腫覈从疒豖聲陟王切
⿸疒扁 半枯也从疒扁聲匹連切
瘇 脛气足腫从疒童聲詩曰既微且瘇時重切
⿸疒⿺尢童 籀文从尤
⿸疒盍 跋病也从疒盍聲讀若脅又讀若掩烏盍切
疻 毆傷也从疒只聲諸氏切
痏 疻痏也从疒有聲榮美切
⿸疒巂 創裂也一曰疾瘍从疒巂聲以水切
⿸疒冄 皮剝也从疒冄聲赤占切
㾌 籀文从及
癑 痛也从疒農聲奴動切
痍 傷也从疒夷聲以脂切
瘢 痍也从疒般聲薄官切
痕 胝瘢也从疒艮聲戶恩切
痙 彊急也从疒巠聲其頸切
痋 動病也从疒蟲省聲徒冬切
瘦 臞也从疒叜聲所又切
疢 熱病也从疒从火臣鉉等曰今俗別作疹非是丑刃切
癉 勞病也从疒單聲丁榦丁賀二切
疸 黃病也从疒旦聲丁榦切
㾜 病息也从疒夾聲苦叶切
痞 痛也从疒否聲符鄙切
⿸疒易

脈瘍也从疒易聲羊益切 𤵸狂走也从疒术聲讀若欻食聿切 疲勞也从疒皮聲符羈切 㾄瑕也从疒弟聲側史切 疧病也从疒氏聲渠支切 㽷病劣也从疒及聲呼合切 𤸷劇聲也从疒殹聲於賣切 癃罷病也从疒隆聲力中切 𤺋籀文癃省 疫民皆疾也从疒役省聲營隻切 瘛小兒瘛瘲病也从疒恝聲臣鉉等曰說文無恝字疑从疒从心契省聲尺制切 痑馬病也从疒多聲詩曰痑痑駱馬丁可切 㾬馬脛瘍也从疒兌聲一曰將傷徒活切 𤻲治也从疒樂聲力照切 療或从尞 痼久病也从疒古聲古暮切 瘌楚人謂藥毒曰痛瘌从疒剌聲盧達切 癆朝鮮謂藥毒曰癆从疒勞聲郎到切 瘥瘉也从疒差聲楚懈切又才他切 㾵減也从疒衰聲一曰耗也楚追切 瘉病瘳也从疒俞聲臣鉉等曰今別作愈非是以主切 瘳疾瘉也从疒翏聲敕鳩切 癡不慧也从疒疑聲丑之切

文百二　重七

冖覆也从一下垂也凡冖之屬皆从冖　臣鉉等曰今俗作冪同莫狄切

冠絭也所以絭髮弁冕之緫名也从冖从元元亦聲冠有法制从寸徐鍇曰取其在首故从元古丸切 冣積也从冖从取取亦聲才句切 𠖥奠爵酒也从冖託聲周書曰王三宿三祭三𠖥當故切

文四

冃 重覆也从冂一凡冃之屬皆从冃讀若艸苺苺 莫保切

同 合會也从冃从口臣鉉等曰同爵名也周書曰太保受同嚌故从口史籀亦从口李陽冰云从口非是 徒紅切

𠕁 幬帳之象从冃㞢其飾也 苦江切

冡 覆也从冃豕 莫紅切

文四

冃 小兒蠻夷頭衣也从冂二其飾也凡冃之屬皆从冃 莫報切

冕 大夫以上冠也邃延垂瑬紞纊从冃免聲古者黃帝初作冕 亡辨切 絻 冕或从糸

胄 兜鍪也从冃由聲 直又切

𩊚 司馬法胄从革

冒 冡而前也从冃从目 莫報切 𠕅 古文冒

最 犯而取也从冃从取 祖外切

文五 重三

㒳 再也从冂闕易曰參天㒳地凡㒳之屬皆从㒳

罶篆譌當作罶孫本亦誤

罜篆譌當作罜孫本亦誤

㒳 良奬切

兩 二十四銖爲一兩从一㒳㒳平分亦聲良奬切

㒼 平也从廿五行之數二十分爲一辰㒳㒼平也讀若蠻母官切

文三

网 庖犧所結繩以漁从冂下象网交文凡网之屬皆从网 今經典變隸作网文紡切

罔 网或从亡 䋄 网或从糸 冈 古文网 𦉳 籒文网

罨 罕也从网奄聲於業切

罕 网也从网干聲呼旱切

罥 网也从网繯繯亦聲一曰綰也古眩切

䍙 网也从网每聲莫桮切

䍣 网也从网巽聲思沇切

⿰足巽 逸周書曰不卵不⿰足巽以成鳥獸⿱罒巽者⿱罒巽獸足也故或从足

罙 周行也从网米聲詩曰罙入其阻武移切

冞 罙或从宀

罩 捕魚器也从网卓聲都教切

罾 魚网也从网曾聲作滕切

罪 捕魚竹网从网非秦以罪爲辠字徂賄切

罽 魚网也从网𠢽聲𠢽籒文銳居例切

罛 魚罟也从网瓜聲詩曰施罛濊濊古胡切

罟 网也从网古聲公戶切

罶 曲梁寡婦之笱魚所留也从网留留亦聲力九切

羀 罶或从婁春秋國語曰溝罛羀

罜 罜麗魚罟也从网主聲之庾切

䍡

襾孫本作西是也

罜麗也从网鹿聲盧谷切

罧積柴水中以聚魚也从网林聲所今切

罠釣也从网民聲武巾切

羅以絲罟鳥也从网从維古者芒氏初作羅魯何切

罬捕鳥覆車也从网叕聲陟劣切

輟罬或从車

罿罬也从网童聲尺容切

罦覆車也从网包聲詩曰雉離于罦縛牟切

罦罦或从孚

罻捕鳥网也从网尉聲於位切

罘兔罟也从网否聲臣鉉等曰隸書作罘縛牟切

𦊾罟也从网互聲胡誤切

罝兔网也从网且聲子邪切

䍡罝或从糸

𦌾籀文从虘

𦌎牖中网也从网舞聲文甫切

署部署有所网屬从网者聲徐鍇曰署置之言羅絡之若罘网也常恕切

罷遣有辠也从网能言有賢能而入网而貫遣之周禮曰議能之辟薄蟹切

置赦也从网直徐鍇曰从直與罷同意陟吏切

罯覆也从网音聲烏感切

詈罵也从网从言网辠人力智切

罵詈也从网馬聲莫駕切

䍦馬絡頭也从网从㒼㒼馬絆也居宜切

羈䍦或从革

文三十四　重十二

罭魚網也从网或聲于逼切

罳罘罳屏也从网思聲息茲切

罹心憂也从网未詳古多通用離呂支切

文三新附

襾覆也从冂上下覆之凡襾之屬皆从襾呼訝切讀

若晉

覂 反覆也从襾乏聲方勇切

覈 實也考事襾笮邀遮其辤得實曰覈从襾敫聲下革切

⿱雨覈 覈或从雨

覆 覂也一曰蓋也从襾復聲敷救切

文四　重一

巾 佩巾也从冂丨象糸也凡巾之屬皆从巾居銀切

帉 楚謂大巾曰帉从巾分聲撫文切

帥 佩巾也从巾𠂤聲所律切

帨 帥或从兑又音稅

⿱埶巾 禮巾也从巾从執輸芮切

帗 一幅巾也从巾犮聲讀若撥北末切

⿰巾刃 枕巾也从巾刃聲而振切

幋 覆衣大巾从巾般聲或以為首鞶薄官切

帤 巾帤也从巾如聲一曰幣巾女余切

幣 帛也从巾敝聲毗祭切

幅 布帛廣也从巾畐聲方六切

⿰巾巟 設色之工治絲練者从巾巟聲一曰⿰巾巟隔讀若荒呼光切

帶 紳也男子鞶帶婦人帶絲象繫佩之形佩必有巾从巾當蓋切

幘 髮有巾曰幘从巾責聲側革切

⿰巾旬 領耑也从巾旬聲相倫切

帔 弘農謂帬帔也从巾皮聲披義切

常 下帬也从巾尚聲市羊切

裳 常或从衣

帬 下裳也从巾君聲渠云切

裠 帬或从衣

帴 帬也一曰帗也一曰婦人脅衣从巾戔聲讀若末殺之殺所八切

禪孫本作襌是也

七孫本作匕是也

⿱𦥑大孫本作㶾是也

禪孫本作襌是也

橡孫本作襐是也

籍孫本同當作藉

黻孫作繡

幝 惲也从巾軍聲古渾切 褌 幝或从衣 幒 幝也从巾忽聲一曰帙職茸切 䘉 幒或从松 𢅧 楚謂無緣衣也从巾監聲魯甘切 幎 幔也从巾冥聲周禮有幎人莫狄切 幔 幕也从巾曼聲莫半切 幬 禪帳也从巾𠷎聲直由切 㡘 帷也从巾兼聲力鹽切 帷 在旁曰帷从巾隹聲洧悲切 𡇒 古文帷 帳 張也从巾長聲知諒切 幕 帷在上曰幕覆食案亦曰幕从巾莫聲慕各切 ⿰巾匕 㡜裂也从巾七聲卑履切 㡜 殘帛也从巾祭聲先列切又所例切 𢃞 正耑裂也从巾俞聲山樞切 帖 帛書署也从巾占聲他叶切 帙 書衣也从巾失聲直質切 袠 帙或从衣 ⿰巾前 幡幟也从巾前聲則前切 徽 幟也以絳徽帛箸於背从巾微省聲春秋傳曰揚徽者公徒許歸切 幖 幟也从巾⿱𦥑大聲方招切 帵 幡也从巾夗聲於袁切 幡 書兒拭觚布也从巾番聲甫煩切 ⿰巾剌 剌也从巾剌聲盧達切 㡨 拭也从巾鐵聲精廉切 幝 車弊皃从巾單聲詩曰檀車幝幝昌善切 幏 蓋衣也从巾冢聲莫紅切 幭 蓋幭也从巾蔑聲一曰禪被莫結切 幠 覆也从巾無聲荒烏切 飾 㕞也从巾从人食聲讀若式一曰橡飾賞隻切 幃 囊也从巾韋聲許歸切 帣 囊也今鹽官三斛爲一帣从巾𢍏聲居倦切 帚 糞也从又持巾埽冂內古者少康初作箕帚秫酒少康杜康也葬長垣支手切 席 籍也禮天子諸侯席有黼黻純飾

庶孫本作庶是也

太孫本作大

日孫本作曰是也

斂當作歛

从巾庶省臣鉉等曰席以待賓客之禮賓客非一人故从庶祥易切 凶 古文席从石省 幐 囊也从巾朕聲徒登切 ⿰巾奮 以囊盛穀大滿而裂也从巾奮聲方吻切 ⿰巾盾 載米𥹘也从巾盾聲讀若易屯卦之屯陟倫切 ⿰巾及 蒲席𥹘也从巾及聲讀若蛤古沓切 幩 馬纏鑣扇汗也从巾賁聲詩曰朱幩鑣鑣符分切 ⿰巾夒 墀地以巾撋之从巾夒聲讀若水温羼也一曰箸也乃昆切 帑 金幣所藏也从巾奴聲乃都切 布 枲織也从巾父聲博故切 幏 南郡蠻夷賨布从巾家聲古訝切 ⿰巾弦 布出東萊从巾弦聲胡田切 ⿰敄巾 髮布也一曰車上衡衣从巾敄聲讀若頊莫卜切 幦 髮布也从巾辟聲周禮曰駹車大幦莫狄切 帪 領耑也从巾耴聲陟葉切

文六十二 重八

幢 旌旗之屬从巾童聲宅江切 幟 旌旗之屬从巾戠聲昌志切 帟 在上曰帟从巾亦聲羊益切 幗 婦人首飾从巾國聲古對切 幧 斂髮也从巾喿聲七搖切 帒 囊也从巾代聲或从衣徒耐切 帊 帛三幅曰帊从巾巴聲普駕切 幞 帊也从巾菐聲房玉切 幰 車幔也从巾憲聲虛偃切

文九 新附

巿 韠也上古衣蔽前而已巿以象之天子朱巿諸侯赤巿大夫葱衡从巾象連帶之形凡

蟠孫本作皤是也

巿之屬皆从巿 分勿切

韍 篆文巿从韋从犮臣鉉等曰今俗作紱非是 𢂋 士無巿有𢂋制如榼缺四角爵弁服其色韎賤不得與裳同司農曰裳纁色从巿合聲古洽切 韐 𢂋或从韋

文二 重二

帛 繒也从巾白聲凡帛之屬皆从帛 旁陌切

錦 襄邑織文从帛金聲居飲切

文二

白 西方色也陰用事物色白从入合二二陰數凡白之屬皆从白 旁陌切

𣅀 古文白 皎 月之白也从白交聲詩曰月出皎兮古了切 皢 日之白也从白堯聲呼鳥切 皙 人色白也从白析聲先擊切 皤 老人白也从白番聲易曰賁如皤如薄波切 𩔖 皤或从頁 㿥 鳥之白也从白隺聲胡沃切 皚 霜雪之白也从白豈聲五來切 皅 艸華之白也从白巴聲普巴切 皦 玉石之白也从白敫聲古了切 㡀 際見之白也从白上下小見

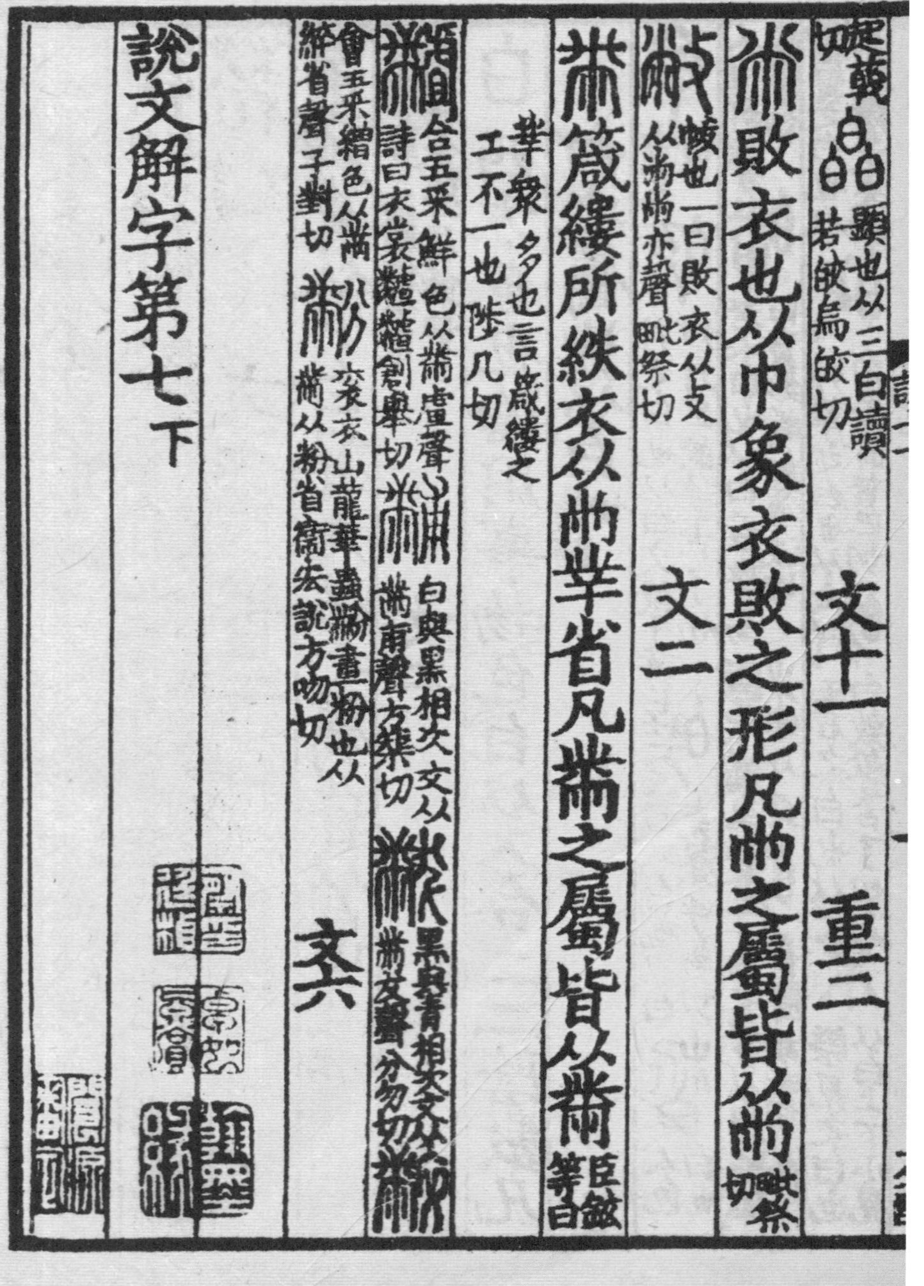

𪔄𪔄切

皛 顯也从三白讀若皎烏皎切

文十一 重二

㡀 敗衣也从巾象衣敗之形凡㡀之屬皆从㡀 毗祭切

敝 帗也一曰敗衣从攴从㡀㡀亦聲 毗祭切

文二

黹 箴縷所紩衣从㡀丵省凡黹之屬皆从黹 臣鉉等曰丵衆多也言箴縷之工不一也 陟几切

䌰 合五采鮮色从黹虘聲詩曰衣裳䌰䌰 創舉切

黼 白與黑相次文从黹甫聲 方榘切

黻 黑與青相次文从黹犮聲 分勿切

𪓐 會五采繒色从黹綷省聲 子對切

黺 衮衣山龍華蟲黺畫粉也从黹从粉省衛宏說 方吻切

文六

說文解字第七下